JN440760

누군가
나를
부를 때

이 도서의 국립중앙도서관 출판예정도서목록(CIP)은 서지정보유통지원시스템
홈페이지(http://seoji.nl.go.kr)와 국가자료공동목록시스템(http://www.nl.go.kr/kolisnet)에서
이용하실 수 있습니다. (CIP제어번호 : CIP2018010237)

누군가
나를
부를 때

초판 1쇄 발행 2018년 4월 11일

지은이 황미연
펴낸이 임정일. 임병천
펴낸곳 책나무출판사
출판신고 2004년 4월 22일(제318-00034)

주소 서울시 영등포구 신길3동 325-70 3F
전화 02-338-1228 **팩스** 0505-866-8254
홈페이지 www.booktree.info

ISBN 978-89-6339-575-3 03810

누군가 나를 부를 때

황미연 수필집

책나무 출판사

/ 책을 내면서 /

발밑이 간지럽다. 갯버들은 꽃눈을 틔우고 물오른 나뭇가지는 파릇한 속살을 드러낸다. 눈곱만한 초록 눈을 보며 누군가는 또 한 송이의 꽃이 피어나기를 애타게 기다리고 있을 테다.

나만의 글길이 완성되어 봄을 맞는다. 길은 처음부터 있지 않았다. 사람들이 오고 가면서 만들어졌다. 흙을 고르고 다지는 작업을 게을리하다 보니 너무 오랜 시간이 걸렸다. 푸석하여 찰기도 없고 깊은 맛도 없다. 글맛을 내려고 갖은 정성을 들인 것도 더러는 있겠으나 독자의 눈으로 보면 또 어떨지 모르겠다. 어쭙잖은 이야기지만 걷다가 그럴 수도 있으려니 고개를 끄덕이거나, 따뜻한 차를 마시듯 누군가의 마음을 무위할 수 있었으면 좋겠다.

세상은 너와 나의 교감으로 이루어진다. 맛있는 음식을 먹을 때엔 목울대에서 젖은 소리가 올라오기도 하고 누군가의 목소리를 들으면 눈시울이 젖기도 한다. 저마다 만들어지는 햇볕과 그늘을 들여다보며 서로 마음을 나누고자 했다. 사람 냄새 나는 글을 쓰고 싶었다. 부족함이 많지만 읽다가 가슴이 뭉글해지거나 위로받을 한 문장이라도 있다면 힘이 날 것 같다.

허락 없이 내 글감으로 데려온 이들에게 미안하고 고맙다. 책이 나오기까지 도와주신 모든 분들께도 감사드린다. 묵묵히 지지해 주는 가족에게 사랑한다는 말을 전하고 싶다.

2018년 산수유꽃 피는 봄날
황미연

/ 차례 /

1부

＼

꽃은
무슨 말을
하려던 걸까.

2부

＼

저 가느다란
몸속에도 중심이
있다는 걸 알까.

3부

나를 부르는 그 소리가 왜 그리 달콤하게 들렸을까.

4부

시간을 거슬러 올라갈 수 있다면 얼마나 좋을까.

장대비가 내립니다.

베란다에 나가 빗소리를 듣습니다.

붉게 핀 배롱나무 위로 비가 들이칩니다.

빗줄기가 송아리 진 꽃들의 문을 마구 두드리고 있습니다.

꽃들은 무슨 말을 하려다가 입을 다물고 맙니다.

젖은 꽃잎 위로 여름이 지나가고 있습니다.

/ 1부 /

꽃은
무슨 말을
하려던 걸까.

꽃무덤

가슴이 두근거린다. 물살을 가르는 뱃머리에 올라서서 가뭇없는 수평선을 바라본다. 수년 전에 보았던 그 모습을 잊을 수 없어서, 언젠가는 다시 와봐야지 하면서도 마음 같지 않았다. 내 눈을 멀게 하여 다른 꽃들은 볼 수 없게 만들어버린 동백꽃을 만나면 무슨 말을 해야 할까.

섬에 닿자 다급해진 마음이 걸음을 재촉한다. 육지로 돌아가려고 죽 늘어선 사람들 사이를 뚫고 나와 섬을 둘러싸고 있는 동백 숲을 올려다본다. 오늘도 언덕배기에 무더기로 앉아서 나를 기다리고 있을까. 한껏 들뜬 걸음걸이로 언덕을 올랐으나 기대했던 모습은 보이지 않는다. 날씨가 추워서 꽃이 피려다가 멈춰버렸을까. 동백 터널에는 꽃망울조차 맺지 않았다. 바다와 맞닿은 가파른 절벽에는 바람이 데려다 놓은 파도만 하얗게 기어오른다.

섭섭함을 달래며 바람이 수시로 드나드는 산책로를 걷는다. 시원하게 뻗은 대나무 군락지를 지나 해안 절벽으로 가던 중 드디어 동백꽃을 만났다. 선홍색 동백 꽃잎 위에 노란 꽃가루가 흩뿌려진 것이 마치 꽃의 눈물처럼 여겨졌다. 붉은 솥 안에서는 한창 피어날 때 떨어져야만 하는 꽃의 설움이 철철 끓어 넘쳤다.

걸음을 멈췄다. 고심한 인사말도 잊었다. 정작 하고 싶은 말은 하나도 못 하고 말없이 바라만 본다. 저 눈물은 누가 닦아 줄 것인가. 아픔은 또 어떻게 어루만져 줄 것인가. 요즘 들어 사소한 것에도 감정이 북북 올라와 주체할 수 없던 터라 동백의 눈물을 마주하자 또, 울컥한다.

동박새가 아니면 그 누구도 소용없다는데, 그 새는 어디로 가버린 걸까. 내가 돌아서면 곧바로 허공으로 몸을 던져 버릴지도 모른다고 생각하니 발걸음이 떨어지지 않는다. 무거운 마음이 더해져 꼼짝할 수가 없다. 오도 가도 못 하고 머뭇거리고 있으려니, 해안 절벽 전망대에 세워진 푯말에 '그대 발길 돌리는 곳'이라는 글자가 눈에 들어온다. 동박새 한 마리가 동백꽃을 입에 물고 더 이상 앞으로 나아가지 마라며 고개를 가로젓는다.

발걸음을 돌렸다. 몇 걸음을 걸었을까. 툭 하는 소리가 어깨를 스치더니 발꿈치에 닿았다. 작은 우주 하나가 떨어졌다. 사위는 더 고요해졌다. 잠시 땅이 울렸을 뿐 아무런 변화도 없다. 몸을 살짝 비틀던 동백나무도 무덤덤하다. 마른 잎이 바스락거렸으나 숲은 풀썩 주저앉지도 않았다. 청청한 소나무도 그저 묵묵히 지켜만 본다. 하늘만 조금 전보다 더 파랗다. 수직으로 낙화한 꽃 한 송이가 생을 마감하는 시간은 섬뜩할 만큼 적막하다.

한창일 때 지는 것이 어디 동백꽃뿐일까. 언젠가 아들 녀석이 그 큰 덩치로 어깨를 들썩이며 우는 것을 보았다. 녀석의 친구가 '안녕'이라는 짧은 메시지를 넣은 후, 초침이 시계 두 바퀴를 돌자 저세상으로 가버렸다. 두 바퀴면 들숨과 날숨이 서른 번도 넘게 몸속을 드나들었을 긴 시간이다. 나 좀 봐달라는 구원의 메시지를 알아차리지 못했다며 회한 눈물을 흘렸다.

어느 겨울날, 그녀도 붉은 꽃무더기 속에 꽃 아닌 꽃 한 송이가 되어 검은 주검으로 누워 있었다. 좋은 사람을 만나서 예쁘게 사랑하고 있다더니, 마른하늘에 날벼락을 맞은 것처럼 도무지 믿기지 않았다. 남들은 쉽게 사랑하고 헤어지기도 하던데 어쩌자고 동박새가 아니면 안 된다고 고집을 피웠을까.

떨어진 꽃송이를 보며, 다하지 못한 생이 저물어가는 것을 보면서 사람들은 어떤 생각을 할까. 꽃이야 저들의 순리이니 어쩔 수 없다 쳐도 꽃 핀 자리에서 서서히 지는 다른 꽃에 비하면 서러운 일이다. 꽃의 순리처럼 그들의 운명도 거기까지인가 싶다가도 한 번이라도 활짝 피었다가 저물었으면 하는 애처로운 생각을 지울 수 없다.

사랑에 빠지면 아무것도 보이지 않고 들리지도 않는다는 것을 누구보다 잘 안다. 나도 한때 동박새가 아니면 안 된다고 집안을 발칵 뒤집어 놓은 적이 있다. 이른 아침마다 새소리는 전화선을 타고 날아와 허공에 꽃을 피우고 돌아갔다. 그 향기에 눈멀고 귀먹은 채 세찬 바닷바람보다 더 강한 추위에 맞섰다. 세상에서 가장 춥다는 오미야콘 마을에 홀로 고립된 듯 참연했다. 미처 걷지 못한 빨래는 얼어서 산산조각 나버려 털옷도 없이 견뎌야만 했다. 무슨 말이든 내뱉기만 하면 얼어버렸다. 혹독한 추위를 이기고 나는 기어이 사랑을 안고 따뜻한 봄을 맞았지만, 그녀는 사랑을 품고 깊게 잠들어 버렸다. 고통 없는 사랑이 없듯이 미치지 않고서는 그 마음을 알 수 없는 게 그놈의 사랑이다.

어디서 날아왔을까. 동박새 한 마리가 노란 꽃가루를 부리에 묻히고선 또 어디론가 날아가 버린다. 어느 바닷가에 가서 떨어트릴 것인가. 아무도 오지 않는 해안 절벽 위나, 볕이 잘 드는 섬 기슭으로 날아가 또 다른 세상 하나를 심어놓겠지. 그러고는 애잔한 동백꽃을 찾아서 부지런히 봄빛을 물어다 나를 것이다.

지심도는 섬 전체가 동백 숲으로 우거져서 종일 걸어도 심심하지 않다. 누구든 놓친 사랑을 그리며 혼자 자박자박 걸어보는 것도 나쁘지 않다. 삶은 영원할 수도 없고 죽음은 리허설이 없다고 하지 않던가. 마음먹은 게 뜻대로 되지 않아서 터널에 갇힌 것처럼 답답하고 출구가 보이지 않는다고 느껴질 때, 동백 숲을 거닐면 환기되는 생각이 돋지도 모른다. 덤으로 섬 구석구석에 무더기로 피어있는 동백꽃을 마음에 담아보는 것도 좋을 테다.

해마다 겨울이 되면 사람들은 동박새가 되어 섬으로 날아오른다. 송이째로 떨어진 붉은 꽃무더기 앞에서 새는 말이 없다. 절절한 눈빛으로 저무는 생을 어루만지며 혼자 묻고, 답하다가, 돌아간다. 바람의 등을 타고 날아온 푸른 파도 소리가 고요한 꽃무덤 위로 부서져 내린다.

나비의 꿈

너의 목소리를 듣고도 일어날 수가 없구나. 눈을 뜰 수가 없어. 마음 같아서는 벌떡 일어나 네 손을 잡고 싶지만 누워서 꼼짝할 수 없으니 어쩌면 좋으냐. 얘야, 눈물 흘리지 마라. 내 앞에서 자꾸 눈물 보이면 이런 몸을 하고도 더 오래 살고 싶은 욕심이 생길지도 모른다. 아흔이 되도록 살았으면 오래 살았지. 네 아버지에 비하면 십 년 하고도 더 살았으니 축복이다마는 병든 몸으로 자식들 애먹이고 있으니, 참으로 미안하다.

어제보다 오늘, 오늘보다 내일은 더 좋아질 거라는 내 생각은 큰 착오였다. 요양원으로 올 때, 다시 집으로 돌아갈 수 있으리라는 희망은 어리석은 생각이었어. 세포들은 하나씩 죽어가고 나는 깊은 잠에 빠져서 허우적대느라 정신을 차릴 수가 없구나. 오래 누워만 있어서 몸뚱이는 나무둥치처럼 뻣뻣해졌는데도 여전히 숨은 쉬고 있다. 이승도 저승도 아닌 모호한 경계에서도 목숨은 연명하고 있으니 아직 살아있음은 분명하구나. 눈을 떠 보려고 해도 눈꺼풀이 무거워, 너무 무거워 꿈쩍하지 않는다. 눈을 뜰 수 없으니 세상천지가 어둡이고 어둠 속은 불안꽃으로 가득하다. 내 몸에 핀 불안도 꽃이라서 군집으로 피어나니 꽃무리처럼 환해지더라. 너무 환해서 꼭 보고 싶은 얼굴이 있으니 한 번만 눈 좀 뜰 수 있게 해달라고 애걸하지 않았다.

얘야, 내 귀에 대고 노래를 부르고 있는 거냐? 휠체어를 타고 면회실에서 너를 만났을 때, 가끔 혼자 부른다며 몇 소절 들려줬더니 그걸 기억하고 있었구나. 너의 목소리는 여전히 꾀꼬리 같다. 어릴 때 새침데기였던 네가 학교에서 돌아와 뱅긋이 웃으며 대문을 들어서는 날이 있었다. 기분 좋은 일이 있었다는 신호였지. 음악 시간에 노래를 잘 불러서 합창단에 뽑혔다며 자랑을 하더구나. 또 딱새 소리로 불렀냐고 농 섞인 말투로 물었더니 고개를 가로저으며 "아니, 은은하게 불렀다."며 볼그스름해지던 네 얼굴이 생각난다. 지금 그 노래, 네 아버지가 좋아했지. 유일하게 할 줄 아는 노래가 그것뿐이었어. 요즘 네 아버지가 자주 꿈에 보이는 걸 보니 머잖아 내가 떠날 그 날이 올 것 같구나.

잠결에 두런거리는 소리가 나면 깨어나곤 한단다. 걸음발이 빠르고 목소리가 큰 걸 보면 눈을 감고 있어도 단번에 간병인이라는 걸 알 수 있지. 몸을 다 맡긴 채 누웠다가도 그녀가 기저귀를 갈기 위해 아랫도리로 손이 내려오면 미동 없던 내 몸이 움찔하는 것 같다. 골 깊은 사타구니 사이를 물휴지로 닦아낼 때면 이불을 끌어당겨 슬쩍 가리고 싶단다. 목욕탕에 가서도 남에게 등 한번 밀어달라고 한 적 없는데 치부를 다 드러내고 누워 있으니 오죽할까. 누군가 내 몸을 핀으로 고정시켜놓은 것 같다. 누가 그 핀 좀 빼준다면 자유롭게 훨훨 날아갈 수 있을 것 같구나.

네가 어릴 때 여름방학 숙제로 곤충채집을 했지. 습기 많은 날 날갯짓이 힘든 나비를 잡아 왔어. 채집통 안에다 핀으로 몸통을 고정시키고 나프탈렌을 넣어 두었단다. 죽음 앞에서 바르르 떨며 경련을 일으키던 나비의 날갯짓을 못 본 척했어. 볕 바른 날 찬란한 날갯짓을 맘껏 해보지도 못하고 붙잡혀 온, 외면당한 나비의 최후는 슬펐단다. 내가 바로 그 나비가 된 것 같다. 골반을 움직일 수 없으니 부끄럽고 미안해도 담담하게 받아들일 수밖에.

그러고 보면 이 병실에 있는 사람들은 그 여름날 채집된 나비들과 다를 바 없구나. 여기는 슬픈 화석들이 누워있는 나비 상자야. 서늘한 기운을 드러내고 있는 저들을 무연히 바라본단다. 한때는 밀물이 차오르면 달거리를 하고, 사랑을 하고, 아이를 낳고, 여자로 태어난 게 행복했을 거야. 그땐 몸속에 자유로운 나비 한 마리 숨어있는지도 몰랐을 테니까. 봄이 되면 창문으로 날아드는 꽃향기가 누워있는 저들을 흔들어 깨울 수 있을까? 오늘이라도 심장이 멈춰져 몸에 흰 천이 덮어씌워 져야만 자유로워질 수 있는 저들이 제비꽃, 유채꽃, 복사꽃 위로 다시 날아오를 수 있을까?

사람들은 면회 올 때마다 더 이상 감출 것도 없다는 듯 '얼른', '빨리', '하루라도'라는 말을 내세워 고통을 덜어주고 싶다고들 하지. 손수 기저귀 한번 갈아주지도 않으면서 자기들끼리 그렇게 수군대다가 돌아가곤 해. '아직은', '잠시라도', '조금만 더'라고 말하는 사람, 그 누구도 없더라. 어쩌면 당연한 소리인 줄 알면서도 그 말이 가슴에서 젓 돌 듯 빙그르르 도는데 왜 그렇게 씁쓸한지 몰라. 누군들 이렇게까지 목숨을 부지하고 싶을까. 때가 되면 갈 텐데 서두르지 말았으면 싶더라. 식물인간처럼 누워있다고 고통이 없을까. 아픔이 없을까. 너라도 그렇게 생각하지 마라. 없는 게 아니라 다만 표현할 수 없을 뿐이란다.

자식들 다 짝지어 보내고 혼자 남아 있으니 스치는 바람결에도 가슴이 덜커덩덜커덩 거리는 게 나뭇잎보다 더 가볍게 흔들리더라. 혹한 바람에도 끄덕 않던 내 몸이 그렇게 가벼울 줄 몰랐다. 몸에 물기라고는 다 빠져버리고 거죽만 남았는데도 날아오르려니 왜 이렇게 힘이 드는지 모르겠다. 몇 번인가 날개를 퍼덕였지만 몸은 움직이지 않고 잠잠하던 목에서 컥컥 소리만 나더라. 덕분에 바쁜 자식들 얼굴 한 번 더 볼 수 있어 좋았지만 또 그러거든 나를 잡으려고 하지 마라.

사는 동안 늘 잠이 부족했다. 새벽부터 늦은 밤까지 식구들 수발로 잠다운 잠 한 번 자본적 없단다. 죽기 전에 이승에서 못다 한 잠 다 자고 간다더니 그럴 모양이다. 자도, 자도 끝이 없구나. 얘야, 또 잠이 온다. 잠들기 전에 너를 한번 안아보고 싶다. 팔만 뻗으면 네가 내 품에 들어올 것 같은데도 움직여지지가 않아. 마음은 천 번, 만 번 안고도 남는데 어쩌면 좋으냐. 이별 참 잔인하다.

돌아보니 나 자신을 위해 아무것도 한 게 없더라. 생이 긴 것 같아도 나중으로 미루어 때를 놓치니 그것도 늙고 말더라. 내게 내일이란 오로지 자식들뿐이었지만 너의 내일은 너 자신을 위한 것이었으면 좋겠구나. 삶은 작은 생선을 굽듯 하라는 말이 있지. 조급해하지 말고 그렇다고 너무 느긋하지도 말고, 기회가 오면 자신을 위해 살아보는 것도 나쁘지 않을 것 같다. 그래도 난 자식들이 이루어 놓은 울울창창한 숲에서 분홍 수의 곱게 차려입고 떠날 수 있으니 얼마나 행복한 일이냐.

저녁별이 창문을 두드리는 것 같다. 별이 지면 꽃이 핀다지. 내일 아침엔 두런거리는 소리가 들리지 않았으면 싶다. 내 몸이 고요한 아침에 훨훨 날아갈 수 있었으면, 꽃가루 흩날리며 날아오를 때 너의 웃음소리가 환하게 들렸으면 좋겠구나.

번호표

사흘 동안 조촐한 잔치가 벌어졌습니다. 검은 옷을 입은 손님들이 밤낮으로 드나들었지요. 문 앞에는 꽃의 모가지를 꺾어서 소복하게 꽂아놓은 화환들이 즐비하게 서 있습니다. 저 꽃들도 내일이면 폐기되겠지요. 지나새나 꽃대를 밀어 올려 꽃을 피웠는데 고작 삼 일을 살다 가다니요. 꽃들의 아찔한 운명처럼 지금 이곳에는 삼 일 이상의 것은 아무것도 없습니다. 일회용 그릇과 일회용 술잔, 그리고 일회용 숟가락과 젓가락, 상주들은 검은색 양복과 검은색 치마저고리를 입고 조문객을 맞이합니다. 영정사진 속 얼굴도 사흘 후면 한 줌의 재가 되어 어디론가 사라져버리겠지요.

문상객이 벗어놓은 신발들이 고단한 얼굴로 여기저기 흩어져 있습니다. 평생 무거운 짐을 끌고 다녀야 하는 저 질긴 운명도 때론 사흘이 부러울지 모릅니다. 조문받을 때마다 곡소리를 내는 것도 사흘이면 족합니다. 그러나 아흔 해를 살다 간 망자를 두고 호상이라며 상주들은 읍곡하지 않습니다. 더군다나 요즘은 망자를 위해서 울지 않는다지요. 남아있는 자들의 울음소리를 들으면 미련이 남아 자꾸 뒤돌아본다고 여긴답니다. 그렇다고 다시 살아날 리 없는데도 살아 있는 자들은 그렇게 말합니다. 호상이라니요, 죽음에 노소는 없는데도 색깔은 있는 모양입니다. 유교 문화에 익숙한 망자는 씁쓸할 수도 있겠습니다.

평생 소리를 떠난 적 없던 망자의 귀로 마지막으로 들려오는 것이 울음소리가 아니어서 다행입니다. 나쁜 말은 듣지 않으려 해도 빠른 속도로 파고들고 듣고 싶은 말들은 느린 걸음으로 다가왔지요. 현관에 달아놓은 풍경이 바람의 말을 전해 올 때면 사람이 그리워 귀를 닫고 마음을 누르곤 했습니다. 듣고 싶던 목소리를 실컷 들을 수 있어서인지 좁은 통로에 덩굴 꽃이 흐드러졌습니다. 먼 길을 나서는 발걸음이 얼마나 가벼울까요.

흰쌀밥 한 그릇과 육개장 한 대접, 그리고 술 한 잔으로 차려진 상 위로 살아있는 자들의 말들이 시끄럽게 오고 갑니다. 이승을 떠나기 전 마지막으로 대접하는 저 낮은 밥상 앞에 망자를 아는 사람은 다 모였습니다. 살아생전 밥 한번 먹자고 해놓고도 지키지 못한 적이 한두 번이 아니었지요. 심지어는 공짜로 먹을 수 있는 공기(밥)조차도 마음대로 먹지 못하고 산소 호흡기에 의존하고 말았습니다. 생각지도 않게 한꺼번에 그 약속을 지키게 될 줄 몰랐습니다. 빚진 마음을 거두고 떠나게 되어 마음이 홀가분해졌습니다. 성대하지 않은 밥상이지만 국화꽃 향기로, 따뜻한 국물로, 술 한 잔으로 사람들을 마주합니다.

파안대소하는 날이 아닌데도 국화꽃에 둘러싸인 망자는 이를 드러내며 웃고 있습니다. 평소답지 않게 오늘은 왜 저리도 활짝 웃고 있는지 모르겠습니다. 사람들이 술잔을 기울이며 늘어놓는 세상 돌아가는 이야기에도 귀를 기울입니다. 눈만 뜨면 휴대전화를 열고 실시간으로 세상을 읽던 자식들은 여기서도 바쁩니다. 대부분의 손님은 자식들이 그려놓은 그물맥이니 저 많은 사람들과의 관계를 유지하기 위해 얼마나 많은 시간과 공을 들였을까요. 눈으로 보니 그동안 허우룩했던 마음 빚이 서서히 걷히는 것 같습니다. 평소에 보고 싶다는 말은 차마 할 수 없어서 잘 있으니 걱정하지 말라고 했지요. 그 짧은 안도감 속에 숨어 있는 말들을 자식들은 눈치채지 못했습니다.

그립던 얼굴들이 가슴이 내려앉는 낯빛으로 한꺼번에 들이닥칩니다. 망자는 밥보다 더 꼭꼭 씹어 삼키며 살았던 눈물을 그만 터트리고 말았습니다. 일일이 손을 잡으며 그간의 안부를 세세히 묻고 싶지만, 이승과 저승을 아우르는 보이지 않는 유명(幽明)의 벽은 무정하기만 합니다. 지금 이 순간이 가장 중요하다고 했지요. 보고 싶은 사람이 있으면 당장 만나라고 했습니다. 살다 보면 간혹 아무도 예측할 수 없는 암담한 미래를 만날 수도 있습니다. 차일피일 미루다가 결국 누구처럼 되지는 말았으면 합니다.

살아생전 망자에게 주어진 휴가는 일 년에 고작 사흘뿐이었습니다. 설날과 추석날, 그리고 정월 대보름이었지요. 종일 좌판에 앉아 장사하느라 쉬는 날이 없었습니다. 그 사흘은 죽은 듯이 잠으로 시간을 보냈는데, 또다시 그런 날이 왔습니다. 이젠 죽은 듯이 아니라 정말 죽었는데도 살아 있는 것 같습니다. 삶이란 아쉬움의 연속일까요.

망자는 자잘한 꽃으로 채워 놓은 오동나무 관 안에 윤달에 장만한 분홍 수의를 입고 누워 있습니다. 갓 태어나 입었던 하얀 배냇저고리와 시집올 때 혼례복으로 입었던 원삼에 이어 세 번째로 신성한 옷을 입었습니다. 알몸으로 왔다가 옷 세 벌을 얻어 입고 나서야 삶이 축제였다는 것을 알았지요. 지푸라기를 잡고 동아줄을 끌 듯 곡예를 했습니다. 공중그네를 타고 하늘과 땅을

오르내리면서도 지칠 줄 몰랐지요. 사람들은 광장으로 몰려와 가면을 쓰고, 한데 어울려 춤을 추다가 한 사람씩 한 사람씩 돌아가 버렸습니다. 텅 빈 자리에는 낮게 머물던 슬픔만이 저녁연기처럼 희끗하게 피어올랐지요. 관 뚜껑을 닫고 나무못을 쾅쾅 치면 분홍 수의가 꽃처럼 피어날지도 모릅니다.

창문 하나 없는 지하에서는 햇볕이 그립습니다. 어둡고 춥지만 빛의 세계에 다시 태어나기 위해서는 이곳에서 기다리며 참을 수밖에 없습니다. 눈도 귀도 마음도 호강한, 다시는 없을 사흘이 눈꺼풀 위로 천천히 내려오고 있습니다. 새벽 동살이 들기 시작합니다. 번호표를 뽑아 쥐고 망자의 이름이 불리기를 기다리고 있습니다.

11월의 장미

어느 꽃집 앞이었다. 유리문 너머로 꽃 냉장실에 진열된 빨간 장미꽃이 눈에 들어왔다. 무표정한 얼굴로 한참을 들여다보다가 안으로 들어갔다. 웃으면 실눈이 되는 꽃집 아줌마에게 장미꽃 한 다발을 샀다. 향기가 소르르 새어 나와 코끝으로 스며들자 병실을 나설 때까지 가라앉아 있던 알 수 없는 내 마음이 이스트를 넣은 빵처럼 조금씩 부풀어 오르기 시작했다. 거짓말처럼 나를 이곳까지 끌고 온 것은 그 알 수 없는 마음이었다.

남편을 수술실에 들여보내 놓고 수업을 핑계로 나와 버렸다. 아이들에게 양해를 구하고 한 번쯤 뒤로 미뤄도 되었지만 그러지 않았다. 가만히 앉아 애타게 기다리는 것보다 일에 몰두하면 불안과 초조함을 덜어낼 수 있으리라 생각했다.

수술실 앞 모니터에는 '수술 중'이란 빨간 글자가 아직도 깜박거리고 있었다. 혼자 불안을 감당하며 우셨을까. 어머니는 붉게 젖은 눈시울을 하고선 초조한 모습으로 앉아 계신다. 예상보다 수술 시간은 길어졌다. 불안감이 밀려와 입안이 바짝 타들어 갔다.

문이 열리고 간호사가 그의 이름을 부르며 보호자를 찾았다. 어머니의 휘어진 허리가 바람처럼 달려갔다. 입원실에 올라가서도 나는 무엇을 먼저 해야 할지 몰랐다. 어머니는 눈이 퉁퉁 부은 얼굴을 하고도 어디서 구해 왔는지 따뜻한 물수건으로 그의 얼굴과 손을 닦아주었다. 뼈가 녹아내리는 눈빛으로 바라보고 또 바라보면서 눈물을 훔치셨다. 마음이야 뭐든 다 해주고 싶은데 당장 해 줄 게 없다. 어머니에게 그의 곁을 슬쩍 내어주고 병실을 나와 버렸다.

그를 위해 처음으로 장미꽃을 샀다. 그가 사월과 오월의 「장미」라는 노래를 부르며 내게 오던 날이 떠올랐다. 선배들이 결혼식 피로연 때 부를 노래는 잘 골라야 된다고 했다. 결혼식 날 신부를 가장 행복하게 해 줄 수 있는 노래가 아니면 평생 바가지 긁히며 살아야 된다는 진담 같은 농담도 덧붙였다. 그 말을 믿고 신중하게 곡을 골랐으며 음치와 박치까지 겸한 그는 피나는 연습을 했다. 노래 가사처럼 꽃내음으로 서로를 깨우는 사람으로 살자고 했다. 그날부터 그는 나의 '어린 왕자'였고 나는 어린 왕자의 '장미'가 되었다.

내 감성 온도의 눈금은 자주 오르내렸다. 사랑은 유일한 것이라며 그에게 나만 바라보라고 했다. 나 또한 그만 바라봤기에 당연히 그래야 되는 줄 알았다. 그를 다른 사람으로부터 떼어 놓고, 파도가 치거나 해일이 밀려와도 그 자리에 그대로 있는 섬이 되라고 했다. 그는 '도'라는 시작점에 안정적으로 있었다. 나는 명쾌한 '솔'일 때도, 한 옥타브 내려와 한없이 무거운 '도'일 때도 있었다. 마음대로 음반을 넘나들며 불협화음을 낼 때도 그는 '도'를 짚으며 시작점을 알려줬다. 유일하다는 것은 그 사람의 존재성을 의미하는 것이지 구속하거나 모든 것으로부터 떼어내어 외롭게 하는 게 아니란 것을 한참 후에야 알았다.

꽃다발을 안고 병원으로 발길을 돌렸다. 괜히 혼자 어색해진 나는 아무 일도 없었던 것처럼 병실로 들어갔다. 가만히 그의 곁으로 가서 꽃다발을 내밀었다. 마취에서 깨어난 그가 링거를 주렁주렁 매단 채 누워 나를 쳐다보며 피식 웃었다. '사실 수술실로 들어가서 마취 주사를 맞을 때 혹시 깨어나지 못하면 어쩌나, 한창 예민한 시기인 애들과 세상 물정도 모르는 당신을 두고 눈을 뜨지 못하면 어떡하나, 걱정도 되고 겁도 나더라. 이렇게 당신 얼굴이 또렷하게 잘 보이는 걸 보니 이제야 안심이 되네.' 그의 눈이 나직하게 말하는 것 같았다.

담담한 척했지만 불안하고 두려웠을 테다. 입장을 바꿔서 그가 그랬다면 나는 서운함을 빼곡하게 걸어놓고 나 보다 더 소중한 게 어디 있냐며 두고두고 아프게 찔러댔을 것이다. 미안해서 눈을 쳐다볼 수 없었다. 힘이 느껴지지 않은 그의 손을 꼭 감싸자 목 안이 뜨뜻해졌다.

우연찮게도 그가 「장미」라는 노래를 부르면서 내게로 오던 날도 오늘처럼 11월이었다. 이때는 날씨가 서늘하여 다른 계절보다 더 따뜻한 온도와 세심한 정성을 들여야만 꽃이 피어난다. 가장 좋은 장미 향기를 얻기 위해 발칸산맥에서는 자정 무렵에 꽃을 딴다고 하지 않던가. 그만큼 역경을 견디고 피어난 꽃은 향기도 좋고 쉽게 시들지도 않는다. 장미는 죽을 만큼 사랑하는 사람에게만 주는 꽃이라고 했다. 유일한 내 사랑이라고 운운하면서도 그가 안심할 수 있는, 정작 필요한 몇 시간도 지켜주지 못했다.

나무는 나뭇잎이 햇볕을 잘 받아들여야 성장한다. 잎의 크기에 따라 받아들이는 양도 다르다. 그는 조금만 받아들여도 살 수 있고 그늘에서도 잘 자라는 서어나무인 줄 알았다. 처음부터 잎이 넓은 나무였지만 가족에게 양지바른 자리를 양보하고 나서 스스로 잎 좁은 나무가 되었던 것이다.

사랑은 잘츠부르크의 암염과 같다고 스탕달은 말했다. 나무가 땅에 썩듯이 내가 녹아들지 않고서는 사랑이 내 안으로 들어올 수 없다. 땅 밑에서 어둠을 잘 이겨내어 소금이 만들어지는 것과 같이 그 과정을 거쳐야만 반짝이는 결정체를 얻을 수 있다. 수백 수천 년에 걸쳐 만들어진 암염에 비하기는 무리지만 내게도 언젠가는 잘츠부르크의 암염처럼 아름다운 사랑의 결정체가 만들어질 것이다.

발 도장

무심코 보던 책 속의 한 문장이나, 영화 속의 한 장면이 가슴에 와닿을 때가 있다. 종일 그 생각에 발목이 홍건해질 때가 있다.

피아니스트 루돌프 제르킨Rudolf Serkin이 피아노 소나타를 연주한다. 여든네 살이라는 나이가 무색할 정도로 젊은이 못지않게 열정적이다. 시간의 두께가 내려앉은 늙고 앙상한 손이 피아노 건반을 누르자 맑은소리가 공중으로 피어오른다. 입으로 뭔가를 주억거리는 표정이며 몸짓, 피아노 건반 위를 자유롭게 넘나드는 주름진 손은 참으로 아름답다.

보헤미안 출신인 그는 네 살 때부터 피아노를 시작하여 열두 살에 독주를 할 만큼 천재적인 기질을 가지고 태어났다. 여든여덟 나이로 생을 마감할 때까지 평생을 음악에 헌신한 순순한 영혼이었다. 피아노를 연주하고 있는 노년의 모습에서 음악과 삶에 대한 애착이 느껴져 뭉클했다. 주어진 일에 최선을 다할 때, 가장 멋지고 아름다워 보이는 것은 두말할 필요도 없다. 연주에 몰입하는 모습을 보니 편안하면서도 감미로웠다. 그때 내 안에서 무언가 뜨겁게 솟구쳐 올라와 가슴을 흔들어댔다.

수업 도중이었다. 교실 뒷문이 드르륵, 열리더니 누군가 불쑥 내 이름을 불렀다. 누가 먼저랄 것도 없이 반 아이들은 그 목소리를 따라 고개를 돌렸다. 친구 아버지처럼 젊지도 않은, 초로의 내 아버지였다. 검은 우산을 당신의 허리춤에 붙이고 엉거주춤 서서 커다란 눈으로 교실 안을 두리번거렸다. 친구들의 웃음소리가 아버지의 우산 속으로 와르르 모여들었다. 나는 벌게진 얼굴로 벌떡 일어나 촘촘한 웃음소리를 비집고 들어가 검은 우산만 낚아채곤 다시 제자리로 돌아와 버렸다. 꼿꼿하게 세운 허리로 아버지의 초라한 몸을 접고 또 접었다.

교실 안은 다시 조용해졌다. 머릿속은 온통 아버지 생각뿐이었다. 태연한 척 애를 쓰면서도 창밖으로 곁눈질했다. 운동장으로 걸어가는 아버지의 머리 위로 비가 억수같이 쏟아졌다. 젖은 바짓가랑이가 야윈 다리에 착 달라붙어서 무릎이 꺾일 것만 같았다. 비바람에 다리가 휘청거리자 나도 모르게 손이 움찔했다. 씁쓸함을 들키지 않으려고 앞만 보고 걷는데도 물웅덩이만 골라 내딛는 걸음처럼 첨벙거렸다. 심장이 뛰었다. 무게를 이겨내지 못한 내 모습이 바닥으로 무너져 내렸다. 쏟아지는 빗발도 아랑곳하지 않고 아버지는 느린 걸음으로 운동장에 꾹, 꾹 발 도장만 남긴 채 사라지셨다.

비는 그칠 줄 모르고 오후 내내 아버지의 등에서 머물렀다. 한문 숙제, 일본어 숙제가 버거워 끙끙대면 밤잠을 주무시지 않고 도와줄 때는 최고라고 해놓고, 늙은 모습이 초라하다고 외면했다. 응석받이로 자라 자신밖에 모르는 내게 빗줄기가 세차게 들이쳤다. 아버지가 어떤 얼굴을 하셨는지 생각나지 않는다. 당황하지 않고 담담하게 웃으시면서 교실 밖으로 나가셨을 것이다.

제르킨은 자신이 피아니스트이기는 하지만, 피아노는 음악 자체에 비하면 내 관심을 별로 끌지 못했다고 했다. 절정에 이르러 감정을 밖으로 폭발하는 대신 내면에서 스스로 정화시키는 것은 지혜로운 자만이 발견할 수 있는 아름다움이라 했던가. 그때 얼굴을 들어 눈이라도 마주쳤더라면 아버지의 우산 속엔 꽃등이 환하게 켜졌을 것이다. 빗방울이 둥그렇게 퍼지는 날 여기저기 아버지의 발 도장이 찍힐 것이다.

내외담

사랑채는 고요하다. 오수에 빠진 햇살이 다리를 죽 뻗고 누워있을 뿐 찾아드는 손님은 없다. 시간을 거슬러 올라가 범절 있는 사대부가 나타나길 기다리는데 누군가의 목소리가 들리는 듯하다.

미(未)시가 한참 지난 후였다. 사랑채 쪽에서 인기척이 들렸다. 읽고 있던 규방가사를 덮어두고 안채와 사랑채 사이에 있는 내외담 구멍으로 내다보았다. 사랑채에서는 안채가 보이지 않지만 안채에서는 사랑채가 보였다. 손님상을 차리려고 과객인지 벗인지 종친인지 살펴보았으나 손님은 이미 마당을 가로질러 마루로 올라서고 있다. 옥색 도포를 입은 뒷모습이 마치 지난번에도 며칠 묵고 간 적이 있는 그 사람 같다.

외출하려고 막 대문을 나서다가 집안으로 들어서는 그와 부딪쳤다. 깜짝 놀라 손을 놓치는 바람에 장옷이 벗겨져 땅으로 떨어졌다. 당황스러움을 감추지 못하며 눈만 커다랗게 뜨고 서 있는데 그가 덥석 주워들고 내 머리 위로 씌워주었다. 그리고는 정중하게 묵례를 하더니 사랑채를 향하여 유유히 사라져버렸다.

그다지 크지 않은 덩치였다. 말간 얼굴에 유난히 반짝거리는 눈망울을 보는 순간 꼼짝할 수가 없었다. 지아비도 그렇게 가까이서 본 적 없는데 외간 남자를 바로 턱밑에서 보았으니 민망하기 그지없었다. 꿈을 꾼 것 같았으나 꿈은 아니었다. 얼굴이 화끈거리고 가슴이 방망이질을 해댔다. 저녁을 짓다가 얼이 빠진 사람처럼 멍해지다 밥그릇을 떨어뜨렸다. 대문간에서 부딪쳤던 그의 모습이 눈에서 지워지지 않았다.

그가 손님으로 오는 날이면 괜히 두근두근했다. 담 너머에서 헛기침만 해도 구멍 사이로 내다보며 혼자 얼굴이 붉어졌다. 엄연히 지아비가 있는 여인이 낯모를 남자를 마음에 품다니. 더군다나 지아비의 오랜 벗이라니. 허락도 없이 마음에 들어와 무시로 우듬지를 흔들어댈 때면 친정에 세워진 열녀문의 홍살이 눈앞에 어른거렸다. 가문을 중시여기며 단정한 몸가짐을 하라는 무언의 압력 같았다.

낯선 마음을 떨쳐내려고 수없이 도리질했다. 사랑채에 인기척이 나면 행랑어멈보고 살피라고 시켰다. 마음 같아서는 곧장 달려가서 그가 왔는지 확인해보고 싶었지만 쓸데없이 자라나는 욕심을 잘라야 했다. 과묵하던 지아비가 손님 대접하느라 고생이 많다는 말 한마디에도 가슴이 뜨끔했다.

안개도 없이 뿌연 날 저녁 무렵에 그가 사랑채로 들어왔다. 지아비는 종친회에 가고 없는데 난감했다. 남녀유별이지만 사랑채로 나가 몸을 옆으로 돌려세운 채 인사를 나누었다. 곁눈으로 슬쩍 본 그의 얼굴은 걱정이 서린 듯 어두워 보였다. 사랑채 주인은 출타 중이지만 사정이 있어 그러니 실례를 무릅쓰고 하룻밤만 묵어가겠단다. 눈빛이 하도 간절하여 거절할 수 없었다. 저녁 준비를 하면서 다른 날 보다 더 정성을 들였다. 마른 황태를 삼베 보자기에 싸서 비벼낸 보푸라기를 참기름에 버무렸다. 끓는 물에 계란을 넣어 수란을 만들어 상에 올렸다.

밤이 깊었는데도 사랑채에는 불이 환하게 켜져 있다. 서책을 읽는지 무슨 생각을 하는지는 알 수 없으나 불이 꺼질 때까지 안마당을 서성거렸다. 무심코 밤하늘을 올려다보았다. 쏟아질 것 같은 별빛 사이로 백조자리가 보였다. 가까이에 거문고자리의 직녀성과 독수리자리의 견우성도 있다. 그를 두고 백조의 날개를 다리 삼아 일 년에 한 번씩 만나는 견우와 직녀를 생각했다.

가당치도 않은 생각에 머리를 흔들자 구름무늬를 수놓은 신발 위로 별빛이 쏟아져 내렸다. 사랑채 댓돌 위에도 내려앉을 것이라 생각하며 버선 속에 감춰진 엄지발가락을 꼼지락거렸다. 몸 속 어디선가 전율이 이는 것 같았다.

햇살이 방안으로 들어와 나의 어깨를 흔들어 깨웠다. 눈을 떠 보니 밖에서는 아침을 맞는 소리들로 분주했다. 옷매무시를 가다듬고 조심스럽게 사랑채로 나가보았다. 댓돌 위에 벗어놓은 신발이 보이지 않았다. 그는 언제 가버렸는지 떠나고 없고, 자리끼 옆에 편지 한 장만 남겨져 있었다.

안마당에 활짝 핀 꽃, 이름이 무엇이오
그 향기 그윽하여 밤잠을 설쳤다오

숨을 제대로 쉴 수가 없었다. 미어지는 가슴을 두드리고 싶어 주먹을 쥐었지만 부들부들 떨리기만 할 뿐, 가슴에 닿지 않았다. 어쩌다가 마음을 빼앗겨서 여기까지 왔는지 모르겠다. 덜컥 겁이 났다. 행랑채 아이가 소제하러 들어오기 전에 얼른 치워야 했다.

치맛자락에 편지를 감추고 안방으로 돌아와 문고리를 걸었다. 어젯밤 엄지발가락을 꼼지락거렸을 때, 그 미묘하던 전율이 담을 넘어온 그의 마음이었단 말인가. 다시 읽어보고 싶은 마음을 꾹 누르고 편지에 불을 붙였다. 불길은 점점 타올라 허공으로 치솟았다. 그때 저고리를 풀어헤치고 나온 그 무엇인가가 불길 속으로 뛰어들었다. 불길은 한데 어우러져 하얀 목덜미를 핥았다. 한동안 뜨겁게 춤사위를 벌이더니 서서히 사라져버렸다.

몇백 년의 침묵을 깨고 나온 한 여인을 만난 것 같다. 누구에게도 말하지 못했던 오래된 사랑 이야기를 나직하고도 담담하게 들려준 것 같다. 아녀자들에게 내외담 구멍은 바깥세상을 내다볼 수 있는 유일한 통로였다. 손님상을 차리기 위해서였다지만, 억압된 생활 속에서의 숨구멍은 아니었을까. '신도 통제하지 못한 호기심은 권력도 길들이지 못한다.'고 했던가. 그곳을 통해 생겨나는 호기심과 질문이 두려웠기 때문일까. 안타깝고 답답한 마음에 손으로 툭 쳐보지만 오래된 금서인 내외담은 꿈쩍않는다. 가을볕에 누렇게 말라가고만 있을 뿐이다.

단단한 슬픔

숲이 흔들린다. 이른 아침부터 뻐꾸기가 어찌나 애절하게 우는지 허공은 울음바다가 된다. 푸른 알이 담긴 둥지 속에 애잔한 눈빛을 담근 채 종일토록 우는 소리를 듣고 있으면 가슴이 저며 온다. 남의 둥지에 알을 낳고 미안해서, 그리워서 운다는 저 울음소리에 숨이 막힐 것 같다.

뻐꾸기가 불안한 눈빛으로 오목눈이 둥지 주위를 맴돈다. 알을 낳고도 품어주지 못하기에 어떻게든 깨어나라고, 살아남아야 한다며 뻐꾹뻐꾹 목이 터져라 외친다. 나무는 바람과 땅의 소리를 듣고서야 잎을 피운다. 오목눈이 둥지 속 푸른 알은 제 어미인 뻐꾸기의 피 끓는 소리를 들으며 깨어난다.

짐승이든 사람이든 어미의 마음은 다를 바 없다. 아기를 낳기는 했지만 키울 수 없는 그 심정을 무엇에 비유하겠는가. 배냇물도 마르기 전에 화장실이나 쓰레기통에 슬며시 던져두는 비정한 모정도 있다. 사정이야 어떻든 낳았으면 책임을 져야 할 게 아니냐고 비난의 목소리를 낼 수도 있겠지만, 그렇게밖에 할 수 없는 딱한 사정을 듣고 보면 탓할 수만도 없다.

열아홉 살 어느 미혼모는 임신한 지 다섯 달이 될 동안 그 사실을 몰랐다. 아기 아빠도 연락이 끊긴 상태였다. 가족들에게 말할 수도 없었다. 출산 직전까지 아르바이트로 돈을 모아 병원에서 혼자 아기를 낳았다. 아기를 품에 안아보니 심장으로 전해져오는 여린 숨결이 느껴졌다. 겨우 눈을 뜨고 어미를 올려다보며 무슨 말이라도 하려는 듯 입을 오물거렸다. 차라리 안아 보지 말았으면 좋았을 테다. 아기의 심장 소리가 몸에 착 달라붙어 떨어지지 않는다. 성악설로만 가득 차 있다가 막다른 골목에 다다르자 성선설만 있었던 것처럼 자신을 나무란다. 그렇다고 키울 형편도 아니다. 잘 키워줄 부모가 있다면 차라리 위탁하는 게 낫겠다 싶었다.

베이비박스를 보자 심장이 얼어붙는 것 같았다. 아무런 상황도 모르고 쌔근거리며 자고 있는 아기를 내려다보았다. 눈, 코, 입을 만지면서 '아가야, 미안하다.'라고 하고 싶은데 차마 입이 떨어지지 않는다. 신생아 때는 눈에 아무것도 보이지 않는다는 상식조차 모르면서 배냇짓을 하며 웃는 아기와 눈이 마주치지 않으려 얼굴을 돌려버렸다. 어미를 절대 용서하지 말라는 듯 베이비박스의 손잡이를 힘껏 잡아당겼다. 아기 한 명을 눕힐 수 있는 조그만 공간이다. 그 앞에는 '불가피하게 키울 수 없는 장애로 태어난 아이와 미혼모의 아기를 유기하지 말고 아래 손잡이를 열고 놓아주세요.'라는 문구가 적혀있었다.

해마다 버려지는 아이들의 생명을 구해주기 위해서 어느 교회 단체에서 베이비박스를 설치했다. 저마다의 사연을 안고 들어온 아기들은 그곳에서 며칠 보호를 받는다. 간혹 부모의 품으로 돌아가는 경우도 있지만 대부분이 보육 시설에 보내진다. 베이비박스를 두고 생명을 구하기 위해서는 어쩔 수 없다는 측과 오히려 아기를 유기하는 환경을 만들어준다는 의견이 대립하고 있다. 혼자 아기를 키우며 살아갈 수 있도록 도와주는 사회적인 지원이나 제도가 있는 것도 아니다. 주위의 따가운 시선과 냉대를 견디며 살아가기에는 너무나 미약한 미혼모들이기에 아기를 살리기 위해서는 그럴 수밖에 없다. 아기의 울음소리를 밟으며 뒤도 돌아보지 않고 떠나버렸을 어미의 심정은 어떠했겠는가. 그 심정을 헤아리다 보니 문득 어릴 때 보았던 숙모의 모습이 떠오른다.

숙모가 사촌 동생을 우리 집에 맡기러 왔다. 앞길이 창창하던 젊은 숙모는 작약 꽃이 피면 데리러 오마 약속했다. 아무것도 모르는 어린 동생은 언니들 틈에서 잘 놀았다. 밤낮으로 울음소리에 식구들은 둥둥 떠다닐 줄 알았다. 기우였다. 따뜻한 둥지에 들어앉아 손가락을 입에 물고 잠이 들었다. 숙모는 대문 밖 담장에 기대어 서서 밤새 울다가 새벽이 되어서야 넓은 세상으로 떠나버렸다. 눈이 쌓였다가 녹았다. 작약 꽃은 피어 꽃밭을 이루었지만 돌아오지 않았다. 종일토록 뻐꾸기 소리만 꽃밭으로 내려앉았다.

아기의 심장 소리를 듣고도 품에 안고 키우지 못하는 어미의 찢어지는 마음을 그 누가 알까. 천륜을 끊어가면서까지 새끼를 버릴 수밖에 없는 사정을 알고 보면 비정한 모정이라 탓할 수만 있을까. 새끼를 낳고 키우는 건 어미의 책임이라지만 낳아서 버린다고, 남의 손에 맡긴다고 어미의 본성마저 사라지지는 않을 것이다.

뻐꾸기 소리를 들으며 세상을 다시 본다. 탁란하는 조류나 베이비박스에 아기를 두고 돌아가는 어미의 심정을 헤아려본다. 간혹 염치없는 짓을 하는 사람을 일컬어 뻐꾸기 같다고 하던가. 뻐꾸기를 두고 뻔뻔한 모성애라고 하던가. 뻐꾸기 소리는 세상

모든 어미의 울음소리일지도 모른다. 어미는 어미의 소리를 저절로 알아듣게 된다. 그들을 옹호하는 건 아니다. 다만 깊게 바라보면 이해하고 사랑하게 된다지 않던가. 넓고도 복잡한 세상이란 숲에서 스스로 술래가 된 어미들은 새끼를 지척에 두고도 선뜻 다가가지 못한다. 단단한 슬픔을 안고 뻐꾸기가 애절한 목소리로 묻는다.

누군가 그리워서 울어본 적 있는가
보고 싶다고, 당당하게 목 놓아 본 적 있는가
목이 터지도록 애태운 적 있는가

눈물꽃

시간이 뚜벅뚜벅 갑니다. 기차가 들어올 시간이 되었는데도 개찰구 쪽은 조용합니다. 대합실로 마중 나와 시계만 바라보다가 마음이 조급해져 계단으로 내려갑니다. 다른 사람들도 나처럼 기다리고 있습니다. 누군가를 만난다는 설렘은 어디론가 사라지고 불안과 초조가 엄습해옵니다. 도중에 무슨 일이 생긴 걸까요. 한자리에 가만히 있지 못하고 왔다 갔다 하면서도 태연한 척합니다. 기차가, 기다리는 사람이 오지 않을까 애가 탑니다.

시골로 요양 차 떠난 아버지가 오시는 날도 그랬습니다. 정류장에서 아버지를 기다리는 시간은 설렘이자 두근거림이었습니다. 비포장도로를 달려온 버스가 눈꺼풀도 없는 눈만 빠끔하게 내밀며 정류장으로 들어왔습니다. 참았던 숨을 내뱉듯 버스 문이 열리자 사람들이 우르르 내렸습니다. 아버지는 깡마른 어깨에 무거운 짐을 지고도 당신이 여기 있다는 것을 알리기라도 하듯 나를 향해 손을 흔들었습니다. 환하게 웃으며 사람들 사이를 비집고 들어가자 아버지가 두 손으로 내 볼을 어루만졌습니다. 보드랍던 손이 꺼칠했습니다. 좋아서 생긋이 웃는 내 얼굴이 발그레해졌지만 가슴 한편이 저릿했습니다.

자루에는 옥수수와 감자가 가득이었습니다. 아버지의 땀이 배어있어서인지 그 어떤 것보다 맛있었습니다. 친구 아버지들이 해 질 녘에 과자 봉지를 들고 집으로 돌아오는 모습이 부러웠던 나였지만, 그 순간만큼은 내가 최고였습니다. 맛있게 먹는 자식들을 바라보는 아버지의 눈빛은 더 꿀맛이었습니다. 병약한 아버지가 싫을 때도 있었으나 시골집으로 떠나버리면 금방 보고 싶어졌습니다. 서로에 대한 사랑과 그리움이 아버지를 기다리는 이유이자 아버지가 살아가는 이유였습니다.

한번은 아무리 기다려도 버스가 오지 않았습니다. 평소보다 몇십 분이나 늦게 도착했지만 아버지는 내리지 않았습니다. 편지에 분명 오신다고 했는데 보이지 않았습니다. 기사 아저씨가 문을 닫고 막 출발하려 할 때 버스를 가로막으며 두 주먹으로 문을 마구 두드렸습니다.

"아저씨, 잠깐만요. 우리 아버지가 안 내렸어요. 아직 안 내렸다고요."

어딘가에 앉아 계실 것만 같았습니다. 곡식 자루를 무릎 사이에 끼우고 혹시 졸고 계시는 건 아닌지 둘러보았습니다. 듬성듬성 몇 사람뿐, 아버지는 없었습니다. 맥이 풀렸습니다. 발밑이 푹 꺼지는 것 같았습니다. 차를 놓치신 건지 건강이 악화되신 건지 머릿속은 복잡했지만, 버스는 미련 없이 떠나버렸습니다.

학교 담장을 끼고 걸었습니다. 정수리 위로 플라타너스 잎 하나가 툭 떨어졌습니다. 참았던 눈물이 왈칵 쏟아졌습니다. 아버지의 커다란 손처럼 느껴져 눈물이 줄줄 흘러내렸습니다. 운동장 구석진 자리에 가서 엉엉 울었습니다. 괜히 서러웠습니다. 그네의 무릎에 동그마니 앉자 슬픔이 한 움큼씩 심호흡을 했습니다. 마음이 더 쓸쓸하게 만져졌습니다.

벚꽃이 한창일 때 누군가와 만나기로 했습니다. 거울 앞에 오래 서 있지도 않았는데 꾸물대다 늦었습니다. 약속 장소에는 아무도 없었습니다. 불과 얼마 됐다고, 고깟 시간도 못 기다리고 가버린 사람이 야속했습니다. 매번 시간을 어겨 늦어놓고도 원망했습니다. 한 번의 기다림도 견뎌내지 못하면서 뻔뻔스럽게도 말입니다. 허탈하고 착잡했습니다. 누군가도 이런 기분이었을까요.

바람결에 꽃잎이 이마를 스쳐 갔습니다. 바람의 허리를 껴안고 오래도록 걸었습니다. 떠나버린 사람이 다시 올까 봐 기다린 것은 아닙니다. 내가 돌아가 버린 뒤에 누군가 숨을 헐떡이며 달려올지도 모른다는 생각이 들었습니다. 그러면서도 나를 위한 위로였다고 말하고 싶었습니다. 이기적이었던 자신이지만 위로가 필요했습니다. 곁에 있을 때는 몰랐는데 텅 빈 자리에 홀로 서고 보니 심장이 뜨거워졌습니다. 미안했습니다. 또 다른 누군가가 내게 다가오면 잘 해주라는 암시였을 겁니다. 누구에게든 오래 기다리는 사람이 되겠다고 마음먹었습니다. 끝내 오지 않더라도 말입니다.

어떤 상황이 되더라도 느긋하게 다 받아들일 수 있는 준비 과정이 기다림이란 걸 알았습니다. 그걸 알면서도 막상 연락도 없이 늦으면 초조한 마음을 감추지 못합니다. 오래 기다리겠다고 해놓고도 번번이 감정을 다스리지 못하는 나는 아무래도 조금 부족한 사람 같습니다. 일상이 헐거워져도 여전할 것 같습니다.

사랑은 기다림의 연속입니다. 내가 아버지를 기다렸던 것처럼 그도 나를 기다려 줄 것이라고 생각했는지도 모르겠습니다. 생각하는 것이 빈 의자에 앉는 일이라면 기다린다는 것은 시간과 시간을 이어주는 길목에 서 있는 일입니다. 꽃잎이 흩날리는 날은 왠지 밖으로 나가 걸어야 될 것 같습니다.

두근대는 가슴으로 누군가의 다정한 목소리를 기다리며 서성입니다. 아, 저기 사람들이 침잠된 고요와 불안을 밟고 웅성거리며 대합실로 몰려나옵니다. 숨통 막혔던 골목이 확 트이는 것 같습니다. 웃음이 환하게 피어오릅니다. 누군가 나를 향해 손을 흔들면 그렁그렁 눈물꽃이 먼저 필지도 모르겠습니다.

대숲이 흔들리면 

바람이 분다. 어린 나를 따라 대숲으로 간다. 백 년 만에 대꽃이 만발하고 열매, 죽실이 맺는다. 봉황이 날아와 죽실을 먹는다. 그러나 그곳은 해마다 무녀가 작은 항아리를 유기하는, 썩지 않는 무덤 같은 음습한 곳이다.

칠월의 한낮이었다. 땡볕이 강물 위로 내려앉아 열기를 식히자 아이들도 삼삼오오 짝을 지어 모여들었다. 큰물이 빠져나간 지 얼마 되지 않아 물이 깊은데도 더위를 참지 못한 성급한 녀석들이 너럭바위 위에서 옷을 벗어 던졌다. 시합이라도 하듯 아이들은 차례를 기다렸다가 풍덩 풍덩 물로 뛰어내렸다. 아이 하나가 수영 미숙으로 물에 빠져 죽었다. 그의 아들이었다. '수영금지'라는 팻말이 있는데도 해마다 사고는 끊이지 않았다.

죽은 아이의 넋을 건져 위로하는 진혼굿이 벌어졌다. 다이빙을 하던 너럭바위에 굿상이 차려졌다. 그 옆에는 제물로 바쳐질 닭 한 마리가 발이 묶인 채 푸드덕거렸다. 무녀는 징을 두드리며 고요한 강물을 흔들어 깨웠다. 안 일어나면 무슨 큰일이라도 낼 것 같다. 어린 목숨을 빼앗아 가고도 아무 일도 없었던 것처럼 시치미 떼고 있던 강물이 긴장하기 시작했다. 눈동자를 이리저리 굴리더니 천천히 몸을 일으켜 세웠다. 어르고 달래느라 징 소리는 점점 빨라졌다.

무녀가 제물로 살아있는 닭 한 마리를 강물에 던졌다. 그리고 간짓대에 무명천을 묶고 강물을 휘저어 넋을 건져 올렸다. 그 넋을 작은 항아리에 담고 밀봉했다. 사람들은 기겁을 하며 항아리 근처에서 슬금슬금 뒷걸음질을 치거나, 몸을 돌려 안 보는 척하면서도 곁눈질했다.

무녀는 항아리를 안고 강기슭에 있는 대숲으로 들어가더니 한참 후 빈손으로 돌아왔다. 마지막으로 징 소리가 다시 한번 강을 뒤흔들었다. 삼켜서는 안 될 것을, 꿀꺽 넘겼다가 게워낸 강물 위로 아득히 멀어져갔다.

그는 집으로 돌아와 몸져누웠다. 아들의 넋을 대숲에 묻고 돌아오자 온몸에 스멀스멀 한기가 들었다. 물약 한 병을 마시고 옷을 입은 채로 드러누웠다. 앓는 소리도 나오지 않았다. 아들을 위해 해줄 수 있는 게 진혼굿뿐이라니, 살아있다는 게 고통스러웠다. 그 아들이 어떤 아들인가. 어렵게 얻은 하나밖에 없는 핏줄이 아닌가. 제물로 바쳐진 닭의 마지막 모습이 떠올랐다. 물속으로 가라앉지 않으려고 푸득푸득 거리던 날갯짓은 짧지만 비참했다. 아들의 모습도 그랬을 것이라는 생각이 들자 진저리가 처졌다.

그는 아침저녁으로 닭을 잡아서 시장에 내다 팔았다. 닭 잡는 일이 넌덜머리가 났지만 목구멍이 포도청이었다. 닭의 모가지를 비틀고 난 후, 펄펄 끓는 물에 놈들을 차례대로 담갔다. 순식간에 서리 맞은 배춧잎 같은 닭 털을 뽑고 날카로운 칼로 배를 갈랐다. 갈라진 배 안으로 손을 쑥 집어넣어 내장을 꺼낸 다음 모가지와 발을 댕강 잘랐다. 발가벗겨서 다리를 벌린 채 좌판에 올려놓고 손님들과 죽음의 값을 흥정했다. 하고 많은 일 중에 하필, 생명을 죽이는 일을 해야 하는 자신이 원망스럽기도 했다.

닭을 잡은 후에는 꼭 물약 한 병을 마셨다. 사람들은 초점을 잃은 그의 눈을 보며 물약 중독이니, 인이 배었다느니 온갖 말들을 해댔지만 그에게는 만병통치약이었다. 몸이 아플 때는 물론 기가 빠져나가 허하거나 마음이 바닥으로 내려앉을 때도 그만이었다.

언제 잠들었을까. 눈을 떠 보니 희붐하게 동이 트고 있었다. 자리에서 일어나 닭장에서 닭을 꺼내왔다. 또 모가지를 비틀었고 펄펄 끓는 물에 닭을 집어넣었다가 뺀 후, 닭털을 뽑았다. 이제 이런 일은 해서 무엇 하나 싶은데도, 생각과는 달리 몸은 벌써 움직이고 있었다. 콧등에 걸쳐진 두꺼운 안경 너머로 그의 눈알이 벌겋게만 보였다. 그도 닭처럼 속이 텅 비워졌다. 아들이 없으니 살아 있어도 껍데기에 불과했다. 기억 속으로 굳어져 버릴 아들을 잊지 않으려 안간힘을 썼다. 허전한 가슴속으로 바람은 무시로 불어댔다.

아들이 죽은 후 그는 대숲이 흔들리면 멍하니 앉아 있곤 했다. 닭을 잡다가도 뒤란에서 들려오는 댓소리에 손을 멈췄다. 아들 생각이 수런거리며 깨어났다. 습관처럼 담배 한 개비를 물고 성냥을 그었다. 한 모금의 연기를 내뱉고는 허허로운 낮달처럼 허공의 문을 밀고 들어가 먼 눈빛으로 앉아있었다. 그의 등이 둥글게 굽어졌다.

댓소리는 그곳에서 유기된 것들이 살아서 깨어나는 소리일까. 그들의 목소리가 흘러나와 대숲을 헤매는 것이라는 상상에 어린 오금이 저리기도 했다. 한여름날 허공을 찌르며 울어대는 매미 소리와 세상이 뚫릴 듯 쏟아져 내리는 소나기 소리는 모두

댓소리처럼 들린다. 대숲이 흔들리면 금방이라도 그곳으로 빨려 들어갈 것 같다. 그 무섬증은 어른이 된 지금도 가끔 그 여름날의 풍경으로 되살아나곤 한다.

과꽃이 피었습니다

한 학기 수업을 마칠 즈음이었다. 아이들과 여름 방학 때 부모님과 함께 가고 싶은 곳을 이야기했다. 그러던 중에 우연히 한 아이의 할머니집이 어느 섬이라는 것과 그 아이의 아빠에 대해 알게 되었다. 세상에! 고향과 나이와 이름이 공교롭게도 내가 아는 먼 기억 속의 누군가와 같았다. 어찌 이런 우연이 다 있을까. 혹시 K일까.

여고생이 되던 해 친구의 소개로 K를 만났다. 그는 고향을 떠나와 지금 내가 살고 있는 도시에서 학교에 다니고 있었다. 집이 멀어서 자주 가지 못하기 때문일까. 가끔 친구 집에 와서 가족애를 느끼고 돌아갔다. 우리는 희한하게도 동갑내기에다 생일도 같은 날이었다. 시도 잘 쓰는 문학 소년이었다. 윤동주를 좋아하고 책을 좋아한다는 것으로 공감대가 생겼다.

나는 솔직히 읽은 책보다 제목과 작가만 알고 있는 게 더 많았다. 국어 선생님은 "여고생은 얼굴만 예뻐서는 안 된다."라고 하며 최소한 시 몇 편 정도는 외우라고 하셨다. 청순함에 도도한 빛을 더 발하려면 세계 명작을 다 읽어보지는 못하더라도 작가와 제목 정도는 알아야 한다며 리스트를 뽑아주셨다. 다이어리에 붙여두고 시간이 날 때마다 영어 단어 익히듯 달달 외웠다. 그 얄팍한 수준으로 소통의 문을 찾은 덕분에 머리에 쥐가 날 정도로 문학 공부를 했다.

날마다 손편지를 주고받았다. 편지를 읽으면서도 마주 앉아 이야기하는 듯 생생했다. 서로의 자작시와 밤새도록 시집을 뒤져서 마음에 와닿는 시를 예쁜 엽서에 적어 보냈다. 황순원의 『소나기』에 등장하는 윤 초시네 증손녀와 소년의 이야기, 알퐁스 도데의 『별』에 나오는 스테파네트 아가씨와 목동의 이야기를 했다. 윤동주의 「별 헤는 밤」을 외우며 좋아하는 친구들의 이름을 하나씩 붙였다. 그러면서 각자의 기억 창고에 두근거리는 시간을 각인시켰다.

뜨겁던 여름이 가고 단풍이 들기 시작했다. 이유 없이 그의 답장은 뜸해졌다. 날마다 마당으로 날아와 꽃밭 모서리에 앉아 기다리던 편지는 더 이상 보이지 않았다. 엄마가 공부에는 신경 안

쓰고 엉뚱한 짓만 한다며 감춰버렸다. 시를 짓고 소설을 이야기하는 문학소녀의 마음을 알 리 없다. 그저 연애편지나 쓰는 것으로 생각했을 테니 아무리 설명해도 허튼짓으로 여기는 게 마땅했으리라.

당연히 오해가 생겼다. 길 위에 낙엽이 쌓여가듯 우리의 시간도 점점 멀어져갔다. 어떻게 해서 그를 다시 만났지만 무슨 말을 했는지 모르겠다. 곱상한 얼굴에 까만 뿔테 안경을 끼고 있었다는 것밖에 기억나지 않는다.

학교 축제 때 문집 전시회를 했다. 자작시나 애송시, 독후감이나 편지글 등으로 손수 꾸며서 개인 문집을 만들었다. 축제 기간 동안 교정에 전시해 놓으면 다른 학교 친구들도 구경하고 갔다. 마지막 장에 만들어놓은 서명란에는 문집을 보고 간 친구들이 흔적을 남겨놓았다. 날마다 누가 왔었는지, 어느 만큼의 사인을 해놨는지를 보며 서로의 인기를 가늠했다. 내 문집 『밀어』에 누군가 그의 친구 이름으로 읽고 난 소감을 적어놓았다. 두근거렸다. 혹시 문집에 실어놓은 그의 자작시를 보았는지도 궁금했다. 내막은커녕 안타깝게도 만나지 못했다. 그것이 마지막이었다.

수십 년 동안 까맣게 잊고 살았던 이름이다. 정말 K일까. 그가 맞다면 시인이 되었을까. 아니 소설가가 되었을지도 모르지. 인터넷으로 검색해볼까. 나처럼 무명작가라면 알 수 없지 않은가. 아니면, 필명을 쓸 수도 있지 않을까. 내게 지어준 필명을 기억하고 있을까. 나는 아직 괜찮은 글이라고 자신 있게 내놓을 작품이 없다. 그는 어떨까. 그의 생각 나무에 달린 꽃은 어떤 색이며 어떤 열매를 맺었을까. 궁금한 게 폭포수처럼 쏟아지는 동안 그 아이의 얼굴을 찬찬히 들여다보았다. 아무리 그래도 얼굴은 떠오르지 않는다. 아이의 눈이 그 시절 그의 눈처럼 맑기만 하다.

아이를 뒤따라가 볼까. 확인만 하고 돌아올까. 몰래 숨어서 딱, 한 번만 보고 올까. 그러다가 정말 마주치기라도 하면 어떡하지. 나를 알아볼까. 아니야, 세월이 얼마나 흘렀는데 못 알아볼 거야. 이래도 저래도 실망일 테지. 머릿속은 온통 의문으로 뒤섞여 물음표뿐이었다. 멈추지 않는 갈등은 갈등만 낳았다.

마음은 들떠서 바닥으로 내려올 생각이 없다. 공중누각에 누워서 떠다니고만 있다. 숨을 크게 쉬기라도 하면 떠오르는 옛 시간들이 사라져 버릴 것 같아서 들숨을 내뱉지도 못한 채 누웠다. 잠도 오지 않는다. 그의 얼굴에도 세월이 지나갔겠지. 어쩌면 내가 부스스한 모습으로 집 앞 슈퍼나 은행에 갔을 때 부딪치지는 않았을까. 이런저런 생각으로 뒤척이다가 잠든 남편을 바라보니 괜히 미안했다. 옹벽을 만들어 자고 있는 등을 한참 바라보았다. 어쩌면 남편의 속에도 이런 사람 한 명쯤 있지 않을까?

같은 아파트에 살았지만 그 아이를 따라가 볼 용기가 나지 않았다. 확인해 볼 수도 없었다. 그러면서도 잠시나마 누군가에게 내 마음을 살짝 들키고 싶을 만큼 아련하고 달콤했다. 세상에는 동명이인도 많고 생년월일이 같은 사람도 많을 것이다. 밤하늘의 별을 세며 시간을 보냈던 그 기억만으로 남겨두고 싶다. 추억은 추억으로 남아있을 때가 아름답다고 하지 않던가.

고향 생각이 날 때면 동요 「과꽃」을 부른다던 그의 말이 떠오른다. 화려하지도 볼품없지도 않은 수수한 보라색 과꽃을 머릿속에 그려본다. 눈을 감고 가만히 그 노래를 불러 본다. '올해도 과꽃이 피었습니다. 꽃밭 가득 예쁘게 피었습니다…'

여름 편지

제주 대정리에 도착하니 바람이 시원하게 불었습니다. 추사의 마중인가 싶었습니다. 시대 최고 학자의 대접을 받다니요, 얼마나 설레는 일인가요. 「세한도」를 공부하면서 마음에 두고 있었습니다. 동백꽃이 붉게 피어 송이째 툭, 툭 떨어질 때나 수선화가 무더기로 피어날 쯤 와보리라 생각했는데, 올여름이 될 줄은 몰랐습니다.

추사관은 세한도에 나오는 집 모양을 그대로 본떠 만들었다고 했습니다. 그곳에서 그토록 보고 싶었던 그림을 보았습니다. 비록 진품은 아니지만 마음속에 그리던 사람을 만난 듯 뭉클했습니다. 허름한 집 한 채에 기대어 선 소나무 두 그루와 꼿꼿하게 서 있는 잣나무 두 그루가 그려진 그림 속에 서 보았습니다. 고요함 속에 홀로 있으니 마치 추사가 된 것 같았습니다. 찾아오는 사람들이 없으니 적요함이 더 깊게 느껴졌습니다.

제자 이상적이 보내준 책은 고적한 귀양살이에 온기였을 겁니다. 유배 온 죄인에게 몰래 책을 보내준다는 것은 범상치 않고서는 할 수 없는 일이지요. 스승을 존경하고 흠모하는 마음이 한결같다는 것을 보여 주었습니다. 추사는 그 고마움에 눈물지으며 옹방강의 서재에서 본 소동파의 「언송도」[*]를 떠올렸겠지요. 상황이 비슷한 것을 알고 우선[**]에게 그림을 그려주면서 '겨울이 지난 후에야 소나무와 잣나무가 변하지 않는다는 것을 안다.'라는 논어의 한 구절을 생각하며 '세한도'라고 이름을 붙였습니다. 스승과 제자 간에 오랫동안 서로 잊지 말자는 약속이기도 하였겠지요.

아내도 지극히 사랑한 분이 추사였습니다. 읽어보기 쉽도록 써 보낸 한글 편지에는 은은한 묵향만큼이나 가슴을 파고드는 무언가가 있었습니다.

* 언송도: 중국 북송 시인 소동파(이름: 소식)가 그린 겨울 소나무. 소동파가 유배지에 있을 때 어린 아들이 먼 길을 찾아와 위로해준 것에 대해 고마움을 느끼며 그려준 그림.

** 우선: 이상적의 호.

오늘 집에서 보낸 서신과 선물을 받았소. 당신이 봄밤 내내 바느질했을 시원한 여름옷은 겨울에야 도착했고 나는 당신의 마음을 걸치지도 못하고 손에 들고 머리맡에 병풍처럼 둘러놓았소. 당신이 먹지 않고 어렵게 구했을 귀한 반찬들은 곰팡이가 슬고 슬어 당신의 고운 이마를 떠올리게 하였소. 내 마음은 썩지 않는 당신의 정성으로 가득 채워졌지만 그래도 못내 아쉬워 집 앞 붉은 동백 아래 거름이 되라고 묻어주었소. 동백이 붉게 타오르는 이유는 당신 눈자위처럼 많이 울어서 일 것이오.

어쩌면, 동백꽃이 붉게 타오르는 이유가 그런 것이었다니요. 그 꽃, 예사로 보지 않을 것 같습니다.

마그리트 뒤라스Marguerite Duras는 사람을 '한밤중에 펼쳐놓은 책'이라고 말했다지요. 추사는 아내라는 책을 섭렵하고도 날마다 읽고 또 읽었겠지요. 닳고 닳은 곳도 있을 테고 가슴 아파 눈물로 읽은 곳도 있을 테지요. 좋아하는 어란을 많이 보내달라거나 보고 싶다는 마음을 묵향에 담아 보내곤 했습니다. 병약한 아내를 위해 약 잘 챙겨 먹으라는 세심한 마음도 빠트리지 않았지요. 자상하면서도 어린아이 같은 천진함이 있어 더 인간적으로 느껴졌습니다.

아내의 임종을 지켜보지 못하고 죽음의 소식마저도 한참 후에야 전해 들은 추사의 마음은 어땠을까요. 저승에 가서 월하노인과 송사를 해서라도 다음 세상에서는 부부의 지위를 바꾸어 태어나 아내로 하여금 그 애통함을 알게 하리라고 했습니다. 뼈에 사무치는 '망부가'에 가슴이 먹먹했습니다. 아내는 추사가 보고 싶어도 차마 달려갈 수 없었겠지요. 걷잡을 수 없는 마음을 따라 풍랑을 헤치고 달려갔더라도 먼발치서 보고만 돌아왔을지도 모르지요. 허약한 몸을 차마 보여주고 싶었겠어요. 보고 싶어 뒤척거리던 외로운 죽음 앞에 바람 소리만 글썽였겠지요.

주말부부를 할 때 그와 나는 편지 대신 교환 일기를 썼습니다. 일주일마다 서로 바꿔 가면서 마주 보고 얘기하듯 미주알고주알 적었지요. 벗어놓고 간 옷가지에서도 그의 숨소리가 들리는 것 같다고 했습니다. 그는 아이들이 떼쓰는 모습이며 하루에도 몇 번씩 전화해서 이런저런 요구사항을 늘어놓던 목소리를 머리맡에 두고 잔다고 했습니다.

일주일 분의 속옷을 챙겨주면서 사이사이에 쪽지를 끼워 놓고 옷 갈아입을 때도 나를 생각하라고 했습니다. 떨어져 있어도 곁에 있는 듯 하루의 피로를 덜어주고 싶었습니다. 쪽지를 읽을 때마다 그의 입꼬리가 올라가는 상상을 했습니다. 사랑하는 사람을 향해 모든 세포를 열어놓고도 모자라, 눈과 귀는 호위하듯 따라다녔습니다. 주말에 왔다가 월요일 새벽에 현관문을 나서는 그를 뒤에서 껴안았습니다. 가지 말라고, 안 가면 안 되느냐고, 철없이 울었습니다. 추사도 그런 마음이었을 테지요. 가끔 아내에게 반찬 투정을 하며 어린애처럼 떼를 썼다는 게 믿어지지 않지만 귀여운 사랑법이라 여겨집니다.

여행 떠나기 전날 잠든 그의 곁에 엎드려 편지를 썼습니다. 매년 여름마다 배롱나무에 꽃이 붉게 피거든 나를 생각해 달라고 했습니다. 꽃이 피고 지는 백일 동안만이라고 했지요. 혼자 피식 웃었습니다. 간혹 하늘로 날아오른 항공기가 실종되거나 추락하는 사건을 보면서 몹쓸 생각을 했는지도 모릅니다. 내일을 알 수 없는 시대에 살다 보니 안전 불감증에 걸린 것이지요. 괜스레 그 밤중에 혼자 청승스럽게 눈물을 찔끔거렸습니다. 쓸데없는 모노드라마 한 편을 찍은 거지요.

장대비가 내립니다. 베란다에 나가 빗소리를 듣습니다. 붉게 핀 배롱나무 위로 비가 들이칩니다. 빗줄기가 송아리 진 꽃들의 문을 마구 두드리고 있습니다. 꽃들은 무슨 말을 하려다가 입을 다물고 맙니다. 무슨 말을 하려고 한 걸까요. 젖은 꽃잎 위로 여름이 지나가고 있습니다.

그는 다락에 존재하는 감정의 덩어리였다.
아픔과 슬픔을 지배하는 통증을 깊숙이 넣어두고
밖으로 새어 나오지 못하게 단단히 걸어둔,
집안 가장 은밀한 곳의 빗장이었다.
가끔 억눌렸던 감정들이 봇물처럼 쏟아지는 것은
그가 살아있다는 증거였다.

/ 2부 /

저 가느다란 몸속에도 중심이 있다는 걸 알까.

한

온몸이 젖어 든다. 애끓듯 울어대는 매미 소리에 소낙비를 맞은 것 같다. 칠 년 동안을 땅속에서 인고의 세월을 보내며 기다렸는데 폭염이 쏟아진들 어찌 절절하지 않겠는가. 비록 며칠을 살다가는 짧은 생이지만 찬란하지 않을 수 있겠는가.

선산 시내 한 모퉁이에는 장구를 세워놓고 그 위에 북을 얹어놓은 특이한 모양의 기념비가 하나 놓여 있다. 동편제의 대표 전수자인 명창 박록주를 기리기 위해서다. 한적한 곳이라 일부러 찾아오거나 눈여겨보지 않으면 그냥 지나쳐 버릴지도 모른다. 어떤 의미가 담긴 것인지 표지판 하나 없다. 판소리계의 한 획을 그었다던 명창의 흔적치고는 너무 초라하다. 아직도 그녀를 모르는 사람이 많다. 그래서인가. 아이러니하게도 동네 이름이 관심리이다.

선산에서 출생한 그녀는 어릴 때부터 소리에 대한 재능이 예사롭지 않았다. 소리를 좋아하던 아버지를 따라 한 토막씩 불러보던 것이 명창이 되기에 이르렀다. 열두 살에 협률사의 단체 공연을 보고 난 후부터 공부를 시작했다. 여러 선생을 거치면서 배우던 중, 열여덟 살에 동편제 거목인 송만갑 선생을 만나 소리꾼으로 자리매김하게 된다. 서편제가 여성적인 소리라면 동편제는 남성적인 소리인데 그녀의 소리는 모두가 집중할 정도로 우렁찼다. 타고나기도 남성적인 면이 많았지만 남자 명창한테 배운 영향도 컸다. 또한 전라도 사투리가 아니면 안 된다는 생각을 깨고 투박한 경상도 사투리로 독특한 맛을 제대로 보여주었다.

동편제는 소리를 끌고 가다가 한 번씩 매듭을 잘 지어야 한다. 록주의 소리는 무거운 돌덩이를 들었다가 쾅, 하고 내려놓듯 모지락스러웠다. 발림보다 목소리로 장면을 구사해내며 이야기하듯, 놀이하듯 청중들의 마음을 끌어당겼다. 오십 대에 들어서면서 가장 좋은 소리가 나왔으며 현재 전해오는 판소리의 다섯 마당 중에 「흥부가」의 예능 보유자로 지정되었다. 스승인 송만갑은 혹여 사람들의 인기에 허세가 들기라도 할까 봐 허망한 박수에 속지 말고 마음의 소리를 내라고 진심 어린 충고를 잊지 않았다.

명창이란 한으로 소리를 열고 한으로 소리가 깊어진다고 했던

가. 그녀는 어릴 때부터 한량인 아버지의 손에 이끌려 잔칫집으로 돌아다니면서 소리를 했다. 그 대가로 받은 돈은 아버지가 도박판이나 술집을 드나들면서 다 써버렸다. 폭언과 폭행을 당하기도 일쑤였다. 어떤 날은 매를 너무 맞아서 팔이 올라가지 않아 춤을 출 수가 없었다. 그럼에도 아버지는 생계를 위해 발 벗고 나서지 않았다. 오히려 그녀를 들병이처럼 내세웠다.

그녀의 소리에는 그 시대 여성들의 아픔이 녹아 있다. 일제강점기였던 당시는 가난이 극으로 치닫던 시기였다. 매를 맞으면서도 희생양이 되어 소리를 팔아가며 생계를 이어갔다. 아버지는 도박할 돈과 술값도 필요했겠지만, 딸을 위해서라는 생각도 없지는 않았을 테다. 록주를 사모했던 김유정의 소설에도 그런 비슷한 인물들이 등장한다. 처자식을 들병이로 내세우고 돈을 벌어오지 않는다며 두들겨 패는가 하면, 무능력을 큰소리로 무마시키려던 가장들의 슬픈 모습이 역력하게 드러난다. 만약에 지금 그와 같은 일들이 일어난다면 아마도 입에 담을 수도 없는 참담한 상황이 벌어질지도 모른다.

벼랑 끝에 핀 꽃은 어떤 비바람에도 쉽게 꺾이지 않는다. 그녀는 한국전쟁 때 한쪽 눈을 잃었다. 생활이 고통스러워 자살을 시도하기도 했으나, 배가 소리로 가득 차서 밥을 못 먹겠다고 할 정도로 소리 공부에 전념했다. 하루에 스무 시간씩 목청을 뽑아 올렸으니 목에서 피가 나오는 것은 당연한 일이 아니었을까. 음식을 가려 두 달 동안 참기름만 먹으면서까지 혼신을 다한 결과 진정한 소리꾼이 되었다. 운명을 앞두고 자신의 삶을 되돌아보며 회한이 가득 담긴 「인생 백 년」이란 가사 한 편을 남긴 채 쓸쓸히 생을 마감했다.

누구든 가슴에 슬픔의 덩어리 하나쯤은 가지고 있을 테다. 판소리를 좋아했던 대원군도 아들인 고종을 위해 아무렇게나 행동하며 한량 행세를 하지 않았던가. 그녀 아버지도 가난을 벗어나는 길은 오직 소리를 하는 것뿐이라고 했다. 명창이 되라고 '명이'에서 '록주'로 이름까지 바꿔준 것을 보면 소리에 대한 한이 깊었는지도 모른다. 딸을 권번에 팔아넘긴 것도 가난해서 소리를 가르칠 수 없기 때문이었을까. 그렇게라도 가르치고 싶었던 못난 아비의 마음이 숨어 있던 것은 아니었을까.

판소리가 대중들의 관심에서 점점 멀어지는 것 같아 안타깝다. 우리 몸에는 흥이라는 유전자가 잠재되어 있어서 소리 한 대목만 듣고 있어도 어깨가 저절로 들썩거린다. 북장단을 맞추는 고수처럼 추임새도 터져 나온다. 소리꾼과 청중들이 호흡을 맞추며 장단을 주고받을 수 있는 것도 고유의 정서를 우리답게 느끼기 때문이다. 부채 하나를 들고 일인 다역을 하며 몇 시간 동안 목소리만으로 완창하는 것을 보면 경외심이 일어난다. 그녀와 같은 소리꾼이 없었더라면 지금 우리가 어찌 판소리를 들을 수 있으며 유네스코에 무형 유산으로 등재될 수 있었겠는가. 구미시에서는 그녀를 기리기 위해 해마다 '명창 박록주 전국 국악 경연대회'를 열고 있다. 새로운 명창이 탄생하여 국악의 맥을 이어간다면 얼마나 흐뭇할 것인가. 백 년도 넘은 광대의 목소리를 아직도 생생하게 들을 수 있다니, 참으로 고마워해야 할 일이다.

소리는 형태가 없기에 마음속에 정신으로 남는다. 공원 한 모퉁이에 있는 배롱나무에서 붉은 꽃잎이 떨어지는 걸 보니 피를 토하면서 소리를 훔쳤던 명창의 모습이 떠오른다. 한(恨)이란 삶에서 생겨나고, 삶이 곧 한이 된다 하지 않던가. 기념비에 새겨놓은 「인생 백 년」이란 노랫말이 매미 소리를 통해서 한 대목 한 대목 흘러나오는 듯하다.

욕망이 그린 그림

놀라운 우연이었다. 에곤 실레Egon Schiele에 관한 이 영화가 국내에 개봉되어 극장가에서 상영하고 있을 때 비엔나의 벨베데레 궁전에서 그 당시 여러 화가들의 그림을 보고 있었다. 거친 선과 암울해 보이는 에곤의 그림 「포옹」 앞에 멈췄다. 뒤틀리게 표현해 놓은 모습에서 내밀한 욕망이 꿈틀거리는 듯했다. 내면의 심리를 관통하는 그림을 그린 그는 어떤 화가였는지 호기심이 생겼다.

에곤 실레는 오스트리아의 표현주의 화가였다. 처음에는 그의 스승이자 당시 최고의 화가였던 구스타프 클림트Gustav Klimt의 영향을 받았다. 죽음에 대한 공포와 내밀한 관능적 욕망에 관심을 기울이면서 그만의 독자적인 예술 세계를 그려냈다. 누드화를 적나라하고 사실적으로 그려내면서 에로티시즘을 탄생시켰다. 도발적인 그의 누드화는 예술이냐 외설이냐의 논란을 불러일으켰다. 미성년자를 모델로 삼아서 법정까지 불려갔고 검사가 그의 누드화를 불에 태울 정도였다.

당시 보수적인 사회 분위기에 맞서며 '화가는 표현의 자유를 지킬 책임이 있다.'고 반박했지만 그는 인정받지 못했다. 그 일로 이십여 일을 감옥에서 보냈다. 옥중에서도 그는 "아무리 에로틱한 작품도 예술적인 가치를 지니는 이상 외설은 아니다. 그것은 외설적인 감상자들에 의해 비로소 외설이 되는 것이다."라고 했다.

처음 그의 누드화를 보았을 때, 너무 사실적이고 적나라해서 적잖은 충격을 받았다. 다른 작가들과는 달리 신체의 중요 부분을 그 어떤 것으로도 가리지 않고 그대로 그려냈다. 그의 말처럼 예술적 가치를 지닌다는 것은 어떤 것일까. 나는 외설적인 감상자였는지 입을 다물 수가 없었다. 그의 삶과 예술이 궁금했다. '사랑과 자유와 관능으로 예술에 미치다.'라고 할 정도로 그에게 누드란 인간의 본성과 욕망, 자아를 잘 표현하는 예술 방식이었다.

그에게는 네 명의 뮤즈가 있었다. 그녀들과 자유롭게 사랑하면서 영감을 얻고 그림을 그렸다. 처음으로 누드모델이 되어주었던 여동생 게르티Gertrude Schiele, 그의 작품 속에 유일하게 이름을 남긴 댄서 모아 만두Moa Mandu, 영혼의 반쪽이라고 할 만한 모델 발리 노이질Wally Neuzil 그리고 인생의 마지막 순간을 함께한 중산층 출신의 아내 에디트 하름스Edith Harms였다. 그중에서 그의 스승인 클림트로부터 소개받은 발리 노이질은 가장 헌신적인 애인이자 동반자였다. 그와 동거하면서 작품에 많은 영향을 끼쳤으나 끝내 버림받고 말았다.

그는 노이질과 이별하기 전에 「죽음과 소녀」를 그렸다. 여자는 떠나려는 자를 붙잡듯이 가느다란 팔로 남자를 끌어안고 있지만 남자의 눈빛은 이별을 예감한 듯 먼 곳을 바라본다. 작품 속 남자는 에곤 실레 자신이며 여자는 노이질이다. 그림을 그리기 위해서는 그녀가 필요하고 그림을 그릴 수 없으면 죽을 것 같은 미묘한 심정을 복잡한 배경으로 표현했다. 결국 그는 그림을 그리고 싶은 욕망에, 부잣집 여인과 결혼하기 위해 가난한 사랑을 저버렸다.

그 당시 제1차 세계대전으로 에곤은 군인에 징집되어 프라하로 가야 했다. 지원금은 모두 끊겨버린 상태였다. 노이질과 동거중이었지만 그들에겐 방을 얻을만한 경제적 여유가 없었다. 기혼자는 밤에 집으로 돌아가 부인을 만나게 해준다니 그 시간에 그림을 그려야겠다는 그의 욕망이 결국 가난한 사랑을 버리게 되었다. 아니 버린 것이 아니라 열정을 택한 것이라고 하면 이해가 될까?

클림트도 질투할 정도로 천재 화가였던 그는 짧은 생을 살다 갔다. 당시 지독한 스페인 독감이 유럽을 휩쓸었다. 아기를 가진 그의 아내가 독감에 걸려 죽어버리고, 감염된 그도 사흘 후에 죽고 만다. 에곤 실레의 실제 가족은 다 사라져버렸다. 태어날 아기를 기다리며 행복한 마음으로 그린 「가족」만이 쓸쓸히 남아있다. 마지막으로 죽어가는 아내를 그린 소묘 한 장을 남겼는데 그의 나이 스물여덟이었다.

가난한 사랑을 저버린 그가 인간적으로 보이지는 않지만, 조금은 이해할 수 있을 것 같다. 미술이든 문학이든 모든 예술가들은 한곳에 미치지 않고서는 좋은 작품을 만들기 어렵다. 물론 좋은 작품을 만들기 위해서 사랑을 버린다면 그때마다 버려지는 사랑은 어떻게 대변할 것인가. 다만 그 정도의 열정만을 이해한다는 뜻이다.

요즘 들어 부쩍 우울했다. 밥을 먹어도 허기가 채워지지 않았다. 어머니를 병시중 하느라 여름내 병원을 들락거렸다. 몸은 고단하고 머리는 텅 비어 버렸다. 하얘진 머릿속을 뒤져봐도 아무런 생각이 떠오르지 않았다. 되는대로 마구 책을 읽어봐도 소용

없었다. 겸사겸사 어디든 떠나보기로 했다. 여행은 또 다른 자신을 만나는 것이라고 하지 않던가. 사랑도 예술도 열정 없이는 아무것도 완성할 수 없다. 비엔나에서 우연히 알게 된 에곤을 통해 열정이 부족해서 허기를 느꼈던 자신을 발견했다.

하루 스물네 시간 중에 내가 원하고자 하는 일에 얼마만큼 시간을 투자하는가. 사랑을 버리지는 않더라도 그럴 정도의 열정을 쏟고 있는가. 그렇다면 그 열정으로 승화시킨 작품은 얼마나 되는가. 여행은 목적을 두고 가면 그 목적에 가려져 다른 것을 볼 수 없다. 그 길에서 누군가와 조우하고, 그를 통해 또 어떤 나를 만나게 될지 궁금하다면 자신을 위해 어디든 떠나볼 일이다.

그가 다락에 사는 이유

어머니의 비밀 공간인 다락에 올라갔다. 도둑고양이처럼 서너 계단 올라갔을 때쯤 문이 스르르 닫혔다. 덜컥 겁이 났다. 다락은 내게 무섭고 아프게 각인된 곳이라 계단에 주저앉고 말았다. 어둠 속에 갇히자 언젠가 친구 집에서 본 얼굴이 떠올랐다.

갑자기 안방에서 쿠당탕 소리가 났다. 공중에서 밥그릇이 날아와 방바닥에 내동댕이쳐졌다. 사방에 흩어진 밥알 위로 괴성을 지르듯 울부짖는 소리가 들렸다. 그녀와 마루에 앉았다가 깜짝 놀라서 방 안을 들여 보았다. 그때 다락에서 누군가의 번뜩이는 눈빛과 마주쳤다. 숨이 멎는 것 같았다. 처음 있는 일이 아닌 듯 그녀는 아무 말 없이 주섬주섬 치웠다. 누구라든가, 놀라지 않았냐는 등의 말도 없는 담담한 얼굴을 보며 내가 오히려 눈치를 봐야 했다.

그녀에겐 뇌성마비를 앓고 있는 오빠가 있었다. 일찌감치 학교 같은 건 포기했다. 동생들이 학교에 가는 걸 보면 마음은 먼저 대문 밖으로 나섰지만 한 번도 따라나설 수 없었다. 사지가 뒤틀렸다. 제대로 걸을 수 없어 몸과 마음은 따로따로 움직였다. 식구들은 가능한 스스로 할 수 있도록 아무것도 도와주지 않았다.

안방에 달린 다락이 그의 방이었다. 날 때부터 축복받지 못한 그는 여전히 한쪽으로 밀쳐놓은 짐 덩어리 같은 존재였다. 방이 부족하다는 이유도 있겠지만 세상에 존재를 알리기가 부끄러웠는지 모른다. 성치 않은 몸으로 계단을 오르내리는 것은 여간 힘든 일이 아니었다. 한 번씩 내려갔다가 올라가면 에너지가 소진되어 다음 날은 종일 누워있어야만 했다.

어두운 다락방에서 종일 무슨 생각을 하며 살아가는지 식구들은 몰랐다. 집에 손님이 오면 꼼짝하지 않았다. 사람들은 그의 몸짓을 보고 아무렇지 않은 척했지만, 속으로는 가까이 올까봐 꺼려했다. 돌아갈 때까지 한쪽 구석으로 가서 얌전히 있었다. 여동생의 친구들이 오면 다락에서 내려가지도 소리를 지르지도 않았다. 불편한 오빠 때문에 동생이 친구들 앞에서 부끄러워하는 일이 생기지 않게 해주고 싶었다. 가만히 귀를 기울여 문틈으로 새어 들어오는 동생들의 깔깔거리는 웃음소리를 들으며 혼자 피식 웃기만 했다.

그럴 때면 멀쩡한 몸을 가진 사람들이 한없이 부러웠다. 당당하게 오빠라고 말할 수 있을 텐데 왜 자신만 이런 몸으로 낳아주셨는지 부모님이 원망스러웠다. 제대로 한번 걸어봤으면, 시원한 바람을 가르며 숨이 차도록 뛰어보고 싶었다. 몸이 말을 듣지 않고 뒤틀릴 때면 화가 나서 다락에 있는 물건들을 마구 집어던졌다. 고래고래 소리도 질렀다. 집 안으로 자유롭게 날아드는 파리만도 못한 존재라는 생각이 들 때면 살고 싶지 않았다.

그와 세상 사이에는 벽이 있었다. 바깥과 차단되어 답답하기 그지없었다. 그는 집에서 가장 깊숙한 곳에 숨겨진 셈이었다. 세상에는 그를 옮겨가는 계단만 있을 뿐, 마음 놓고 소리 지르고 뒹굴 수 있는 초원은 없었다. 마음에도 비밀의 공간이 있어 다양한 감정이 존재하는 것처럼 그는 다락에 존재하는 감정의 덩어리였다. 아픔과 슬픔을 지배하는 통증을 깊숙이 넣어두고 밖으로 새어 나오지 못하게 단단히 걸어둔, 집안 가장 은밀한 곳의 빗장이었다. 가끔 억눌렸던 감정들이 봇물처럼 쏟아지는 것은 그가 살아있다는 증거였다.

아무도 함부로 범접할 수 없는 곳에 그가 살고 있었다. 다락은 집의 중심에 있는 만큼 소중한 곳이다. 뇌성마비라 그곳에 가둔 것이었을까. 사람들의 손가락질을 막아주며 심장이 멈출 때까지 지켜주고 보호해주겠다는 의미였을까. 그는 다락에서 나와 완전한 자유를 누렸을까. 눈에 보이는 게 전부가 아님에도 아직도 미지수로 남아있는 그 물음의 답은 누가 해줄까.

달을 품은 여자

그녀는 한 남자를 사랑했다. 그 남자는 가난처럼 쓸쓸한 눈매를 하고서는 사과 몇 알씩을 들고 그녀를 찾아왔다. 눈을 지그시 감고 사과를 코끝으로 가져가 향기를 흡입했다. 온돌을 데워 가난을 눕히고 싶었다. 짙은 향기가 방 안에 가득했다. 해가 저물고 고요한 어둠이 찾아오면 푸른 달빛을 놓치지 않으려 서로를 끌어안았다. 남자의 발을 묶은 어둠은 방문 앞까지 와서는 더 이상 들어오지 못했다.

남자를 닮아 선량한 눈매며 도톰한 입술을 가진 아이 하나 낳고 싶었다. 바람결에 날아온 민들레 씨는 척박한 땅에서도 싹을 틔우고 꽃을 피웠다. 길가에 자라나는 작은 풀도 씨앗을 만들었다. 그녀에게는 아기가 생기지 않았다. 몸에는 아무런 이상이 없다는 데도 임신이 되지 않았다. 사람의 힘으로 되는 것이라면 무슨 짓이든 할 수 있으련만, 하늘이 원망스러웠다. 원하지 않아도 되는 사람도 많은데 간절히 바라는 그녀만 외면당하는 이유를 묻고 싶었다.

소원은 눈물을 머금고 크는 것이라, 새벽마다 장독대에 정화수를 떠 놓고 빌었다. 새벽이슬을 흠뻑 뒤집어쓰면서도 멈추지 않았다. 인적 드문 산사를 찾아가 돌부처의 코를 몰래 갈아와 마셨다. 하늘의 기운을 얻고자 천재지변을 피하고 땅의 기운을 얻고자 안방이 아닌 곳은 피했다. 사람의 기운을 얻고 싶어 배가 부르거나 허기질 때도 피했다. 몸과 마음이 지쳐 쓰러졌다. 정신이 가물가물해지는 가운데 한 번도 잉태하지 못한 아이의 울음소리가 들려왔다. 환청은 귓가에서 소용돌이치더니 물살처럼 투명하게 울리며 하늘로 아득히 높아졌다.

그녀는 자리에서 벌떡 일어나 벽에 걸린 카디건을 걸치고 밖으로 뛰쳐나갔다. 허청걸음으로 치맛자락을 밟으며 언덕으로 올라갔다. 하늘엔 둥그런 보름달이 떠 있었다. 교교한 달빛은 처연하게 서 있는 그녀를 내려다보았다. 채워지지 않아 구멍 나 있던 그 가슴으로 보름달이 푸르게 비쳐들었다. 달빛이 출렁거리자 간절함이 끓어올랐다. 가슴을 터놓았다. 투명한 보석처럼 달빛과 밀착했다. 몸속 깊이 들어와 가득 채워주길 바라며 몸을 열었다. 단전에 힘을 모으고 달의 기운을 흡입했다. 몸이 부르르 떨렸다.

달빛을 천지에 다 쏟아버리고 나면 달은 점점 이울 테지. 자궁은 작은 달, 달마다 새롭게 정혈을 모아 보름달처럼 차오르면 쏟아버린다. 달의 정기를 한껏 들이마셔 몸속에 그대로 머물게 하여 생명을 잉태하고 싶었다. 언젠가는 둥그런 보름달처럼 그녀도 환한 달빛을 품에 안고 아이를 가질 수 있을 것이라 여겼다.

사람들은 그녀가 아이를 낳지 못하니 캄캄한 밤 같다 하여 그믐이라 불렀다. 그믐날은 달이 뜨지 않는 것이 아니라 지하로 내려가 숨은 것이다. 혼자 조금씩 차오를 준비를 하는 것처럼 그녀도 달과 같이 호흡한다고 생각했다. 당장은 칠흑 같지만 언젠가 지상 위로 떠 올라 세상을 환하게 비추는 만월을 꿈꾸고 있었다.

사람들의 입방아에 오르내리는 소문은 금세 살이 붙어 통통해졌다. 남의 남자를 빼앗아와 벌을 받는다느니 씨를 만들지 못해 버림받은 남자와 산다느니, 하룻밤 사이에 봄이 오고 여름이 오고 가을이 오고 겨울이 오기도 했다. 부질없는 소문처럼 그녀에게도 계절이 바뀌어 비어있는 가슴을 달빛이 대신 채워주었으면 싶었다. 옹이가 박힌 그 자리에 수도 없이 들락거리는 바람을 재우는 일은 달을 품는 것이었다.

한 생명을 잉태한다는 것이 어디 쉬운 일인가. 그녀는 아들이든 딸이든, 뱃속에 열 달 동안 품을 수만 있다면 만족했다. 그저 자식 하나 두어 남들처럼 평범하게 살아보는 게 꿈이었다. 아기를 낳지 못하는 사람은 오래 산다지만, 그러고 싶은 생각은 눈곱만큼도 없다. 할 수만 있다면 그녀의 몫으로 주어지는 긴 생을 반으로 잘라 하나의 생명과 바꾸고 싶은 심정이었다.

그 남자가 대문간에 사과 한 알 두고 뒤돌아섰다. 밖에서 기다리던 자동차에 몸을 구겨 넣더니 어디론가 떠나버렸다. 가지 마, 가지 말라고! 돌아보지도 않고 떠나는 뒤통수에 대고 고함치다가 그녀는 잠에서 깨어났다. 초저녁부터 무슨 흉흉한 꿈일까. 생생한 꿈속을 더듬으며 마당으로 나왔다. 공중엔 달빛이 가득했다. 장독대 앞으로 다가가 걸음을 멈추었다. 하얗게 부서져 내리는 달빛이 피부에 닿자 소름이 확 끼쳤다. 시린 빛 한 줄기가 또 그녀의 등을 스윽 훑고 지나갔다.

마른 눈물

당신은 창덕궁 낙선재 뜰 앞에 서 있습니다. 옹주가 보고 싶어 찾아왔지만 문전박대당하고 발걸음을 돌리지 못한 채 생각에 잠겼습니다. 뜰을 누비며 해맑은 모습으로 뛰어놀던 어린 옹주의 웃음소리가 들리는지요. 그 천진무구한 소리와 환한 빛을 가두어 버렸으니 어둠 속으로 몸이 기울어질 수밖에 없었겠지요. 열세 살 초롱초롱하던 어린 황녀가 강제로 끌려가다시피 일본으로 건너가 다 허물어진 중년이 되어 돌아왔습니다. 그냥 늙기만 했어도 덜 억울할 텐데 불안과 핍박으로 얼룩진 가슴에 시퍼런 대못이 박힌 채로 녹슬어버렸습니다. 모든 것이 당신 책임만이 아니라는 건 압니다. 옹주를 버리고 다른 사람과 재혼한 것에 화도 나지만 이해 못하는 것도 아닙니다. 누구든 남을 탓하기 전에 그 사람의 입장이 되어 한 번이라도 생각하라고 했으니까요.

옹주는 심신이 쇠약해져 어제도 오늘도 내일까지도 상실해버렸습니다. 온전한 정신이었다면 밉든 곱든 당신의 목소리를 듣고 달려 나왔겠지요. 한때 살을 맞대며 살았던 부부라지만 기억하기 힘들 거예요. 가끔 의식이 선명해지는 날에는 실종된 딸의 이름을 써 보기도 하고 나지막이 부르기도 하며 슬픈 표정을 짓곤 했다지요. 딸의 목소리가 들렸으면 반가워서 맨발로 뛰어나왔을 거예요. 초점 잃은 눈망울로 종일 허공을 바라보는 옹주는 소리 없는 살풍경이 되어버렸습니다. 가끔씩 눈을 껌벅거리는데, 그것은 마른 눈물을 떨쳐내는 것인지도 모르겠습니다.

당신에 대해서는 덕혜옹주의 남편인 소 다케유키 정도로만 알고 있었습니다. 솔직히 별로 관심이 없었는데, 대마도에 다녀온 후로 궁금해졌습니다. 영문학자이며 시인이라고 해서 더 호기심이 생겼지요. 당신의 문학 세계를 알아보기 위해 책을 찾아보았습니다. 세간에 알려진 것과는 달리 온화한 성격에 예의도 바르며 옹주에게 부드럽고 친절하게 대해주었다고 하더군요. 조선에 대해 알고 싶어 했고, 옹주가 말하는 것을 즐겁게 들어주었다지요. 당신이 지은 시를 보면서 그 장면을 떠올려 보았습니다.

미쳤다 해도 성스러운 신의 딸이므로

그 안쓰러움은 말로 형언할 수 없다

…

아 아 신이시여, 그리움의 처음과 끝을

그 손으로 주무르실 터인바

수많은 여자 가운데서

이 한 사람을 안쓰럽게 여겨주실 수 없는지요

이 세상에 여자가 있을 만큼 있지만

그대가 아니면 사람도 없는 것처럼

현실에서도 꿈속에서도 나는 계속 찾아 헤맨다

-소 다케유키의 「사미시라」 중-

툭툭 터져 나오는 애절한 목소리에 눈언저리가 뜨거웠습니다. 평범한 부부들의 소소한 일상마저 부러워했다니, 슬픔도 깊게 느껴졌습니다. 옹주 못지않게 아픈 가슴을 지녔을 당신을 새로이 보게 되었습니다.

당신은 화족제도가 폐지되기 전까지는 덕혜옹주를 정성껏 돌봤다고 하더군요. 일본이 패망하고 그 제도가 없어지자 화족의 그 작위와 재산상 특권을 상실하게 되었다지요. 재산세를 납부하기 위해서 저택을 매각했고, 시민으로서의 생활이 시작되면서 학원에서 근무를 하였기에 옹주를 혼자 집에 둘 수가 없었겠지요. 그래서 도쿄에서 가장 오래된 정신병원에 입원시키게 되었다고 했습니다. 정신분열증은 내버려 두면 재발한다지요. 어렵더라도 곁에 두고 따뜻하게 조금만 더 보살펴주었더라면 하는 아쉬움이 남습니다. 결혼 전부터 앓고 있던 그 증세가 결혼 후 잠시 호전되었다기에 그런 생각을 해봅니다.

불행은 연속으로 오는 걸까요. 일본에서는 결혼을 하면 남편의 성씨를 따르는 법이어서 옹주는 이덕혜에서 소 덕혜가 되었다가 이혼을 하자 호적이 없어졌다지요. 일국의 황녀가 호적이 없어지다니요, 얼마나 참담했을까요. 결국 어머니 양 귀인의 성씨를 따서 양덕혜로 호적을 만들었고 1962년에야 이덕혜로 대한민국의 국적이 주어졌습니다. 그리고 그해 겨울, 37년 만에 고국으로 돌아와 낙선재에 머물게 되었습니다. 그것도 당신의 잘못만이 아니란 거 압니다. 우리 모두의 책임이지요.

모국을 침략한 타국에서의 삶의 심정을 그 어떤 말로 형언할 수 있을까요. 불안으로 가득했던 유학 생활과 정략결혼의 비극적인 결과, 정신질환자가 되어 고국으로 돌아오기까지 어느 것 하나 순조롭게 지나간 것이 없었습니다. 옹주는 가장 귀하게 태어나 가장 슬프게 살다간 사람이었어요. 당신을 만나서 정혜를 낳고 키우며 살던 때가 잠시나마 행복하지 않았을까요. 소 다케유키, 당신도 그랬나요?

당신은 아픈 우리 역사의 경계에 서 있던 한 사람이었어요. 이상과 현실의 문턱에서 어느 한쪽으로 몸을 돌려세우기에는 큰 용기가 필요했겠지요. 망국의 옹주와 결혼하여 보이지 않는 아픔과 지울 수 없는 상처도 남았을 겁니다. 서로 끝까지 지켜주지 못했지만, 옹주의 멍한 눈빛은 아무도 믿을 수 없는 상황에서 오로지 한 사람만 의지하며 살았는지도 몰라요. 부부의 연이란 몇 겁의 생을 지나야 이루어진다고 하지요. 당신들의 만남과 헤어짐도 숙명이 아니었을까요.

"옹주와 함께한 이십오 년에 대해서는 공백으로 남았다."라고 했나요. 그것은 아무것도 남은 게 없다는 말인가요, 생각하고 싶지 않다는 뜻인가요. 이혼 후, 옹주에 관한 말을 일체 하지 않았으며 이런저런 비방에도 묵언하며 시끄러운 세상과 등을 돌리고 살았다지요. 그러던 사람이 불현듯 낙선재를 찾아오다니요. 더군다나 재혼하여 아들까지 두고서는 이국땅에 있는 전 부인을 찾아와 뒤늦은 참회라도 하고 싶었던 것인가요. 모호한 그 마음이 무척 궁금합니다.

바다를 건너 이곳에 오기까지는 쉽지 않았을 겁니다. 홀로 여기까지 왔다가 쓸쓸하게 발걸음을 돌리는 뒷모습을 보니 아린 마음이 붉게 젖어 듭니다. 옹주는 지금 자궁 안의 태아처럼 홀로 웅크리고 앉아 있지만 편안해 보입니다. 이제 걱정 말고 돌아가도 되겠습니다. 나라 안에 있을 때보다 대마도에 가서 우리 역사의 아픔을 더 뼈저리게 느끼고 온 저처럼 당신도 그런 마음이 들었을까요. 당신이 돌아가고 나면 옹주를 잘 돌보지 못한 죄, 외면해서는 안 될 옹주를 외면한 죄, 조선의 마지막 황녀를 잊고 산 죄를 두고 뒤늦게나마 우리 모두가 참회해야겠습니다.

낙선재 뜰에 눈이 내립니다. 당신이 생각을 떨어뜨리고 서 있던 그 자리도 금방 하얗게 덮이고 말 것 같습니다. 아내의 땅에 와서 한마디 말도 못 하고 돌아가는 당신의 가슴에도 눈이 내리고 있겠지요.

부끄럽기 그지없다

어느 권투 선수가 경기 도중에 쓰러져 뇌사 판정을 받았다. 가족들은 고인의 평소 생각을 존중해 장기 기증을 했다. 시합 도중에 쓰러졌지만 '관례'라는 그 이유 하나만으로 장내 있었던 의료진과 관계자들은 경기가 끝나기만을 기다렸다. 사람이 죽어가고 있는 것을 모두 지켜본 꼴이 됐다. '설마'가 뇌사까지 갈 줄 누가 알았을까. 그중 한 사람이라도 말렸더라면 하는 아쉬움과 함께 그 관례는 누구를 위해 만들었으며, 누구를 위해 지켜야만 하는지 뒤돌아보게 되었다.

간혹 전통이니 뭐니 어쭙잖은 관례 때문에 울며 겨자 먹는 때가 더러 있다. 물론 좋은 것도 있지만 좋지 못한 인식이 더 강하다. 설사 아니라고 해도 반기를 들고 나서지 못하고, 서로 눈치만 보며 묵언하고 만다. 정작 말해야만 할 때는 비겁한 침묵을 지킬 때가 더 많다. 그런 의식을 깨기에는 소신 있는 용기가 필요하다.

아이들이 초등학교에 다닐 때였다. 아이가 반장이 되었지만 촌지는 생각지 못 했다. 소위 말하는 치맛바람을 나만은 일으키지 않으리라는 것을 염두에 두고 있었다. 그것에 따라 아이의 학교생활이 수월해지고 자신감도 생긴다는 소문이 나돌았지만, 나름대로 아이만 잘 하면 된다고 생각했다. 그러나 '관례'라는 말 한마디에 나의 중심은 흔들렸다. 혹여 내 아이만 불이익을 당하지 않을까 걱정이 되었다.

촌지를 들고 학교에 갔다. 그러면 안 되는 줄 알면서도 오직 하나만 생각했다. 돌아서서 나오는데 발걸음이 떨어지질 않았다. 떨리고 무서웠다. 긴 복도를 걸어 나오는데 공포감마저 밀려왔다. 진정도 되지 않은 상태인 내게 담임이 전화를 했다. 내일 학교로 들어오란다.

"어머니, 이것을 받으면 받은 만큼 그 아이에게 해 줘야 하고 나머지 아이들에게는 소홀해지니 받을 수 없습니다. 저도 사람인 이상 받고 모르는 척할 수 없는 일이고요. 그리고 누구 하나 잘 봐주고 안 봐주고를 떠나서 제겐 모두가 소중한 아이들입니다. 정말 아이를 사랑하신다면 아무 걱정 마시고 제게 맡겨 주십시오."

가슴이 뜨끔했다. 얼굴이 화끈거렸다. 눈길을 어디다 두어야 할지 몰랐다. '단지 관례였다.'고 변명하지 않았다. 그런 관례는 선생님을 더 비참하게 할 것 같았다. 어리석은 행동이 청렴한 교직 생활에 누를 끼친 것 같아 죄송할 뿐이었다. 정말 아이들을 위한 것은 진정한 사랑과 관심이지 그런 촌지가 아니라는 것을 분명하게 짚어주셨다. 깊은 참회를 하면서 감사의 기도를 함께 했다. 선생님의 솔직하고 당당하신 모습이 우러러 보였다. 결코 촌지를 거절해서만은 아니다. 스승을 보면 그 제자를 알 수 있다지 않던가. 우리 아이들은 나처럼 비겁한 침묵이 아니라 굴하지 않는 소신을 가질 수 있을 것 같아서 마음이 놓였다.

신학기가 되고 담임이 정해지면 엄마들은 고민에 빠진다. 신학기의 그 '관례'라는 것에 흔들린다. 알이 먼저냐 닭이 먼저냐를 놓고 실랑이를 하다가도 사람이 많이 몰리는 쪽으로 따라가기 마련이다. 결국 대부분이 자기 소신을 접고 만다. 아쉽게도 선생님의 고마운 마음보다 그 관례라는 굴레를 먼저 만난다. 벗어나고 싶으면서도 자신도 모르게 동조하게 된다. 그러나 고마운 마음을 먼저 알았더라면 어떻게 되었을까? 신학기가 아니라 학기를 마칠 즈음에 그것이 행하여졌다면 문제는 달라졌을까?

그날로 무겁고 불편한 굴레를 벗었다지만, 만약 내가 그 자리에 있었더라도 자신 있게 행동할 수 있었을까. 나 또한 슬며시 묻어가지 않았을까. 누가 누구를 책망하고 있는 걸까. 세월이 흐른 지금 아직도 흔들리는 나를 보는 것 같아 부끄럽기 그지없다.

우연한 시간

또 소리가 난다. 밤마다 이 시간이 되면 어김없이 잠이 깬다. 눈을 뜨지도 않은 채 혼자 생각한다. 남편이 알면 쓸데없이 잔걱정을 한다며 핀잔을 줄 게 뻔하지만 궁금증이 풀리지 않으니 어떡하랴.

남편의 귀가가 늦어져 신경이 예민해진 어느 날이었다. 전화를 몇 번이나 해도 받지 않는 그를 기다리며 별의별 상상을 거듭했다. 행여 계단으로 올라오는 발소리가 들릴까 봐 귀를 바짝 대고 숨죽여 봐도 소리는커녕 더 고요하다. 밤은 이래서 쥐 죽은 세상 같다고 하는지 다시 한 번 느끼게 해줄 뿐이다. 시계 초침 소리는 갈수록 크게 들려왔다. 열두 시가 넘으면 날이 바뀌니 분명 외박이다. 어디 오기만 해봐라. '신이시여, 제발 나를 시험에 들게 하지 마옵소서.'를 외치며 그를 기다렸다. 아무리 기다려도 오지 않았다. 혹시 무슨 일이라도 생긴 것은 아닐까. 시간이 갈수록 화가 가라앉으면서 걱정으로 바뀌었다.

눈을 감고 자리에 누웠다. 그새 살짝 잠이 든 것일까. '드르륵' 소리에 깜짝 놀라 일어났다. 당연히 옆에 있어야 할 그가 보이지 않았다. 아직도 들어오지 않은 것이다. 갑자기 등골이 오싹했다.

또다시 '드르륵' 소리가 났다. 다듬다듬하며 거실로 나갔다. 겨울밤이라 더 캄캄했다. 소리가 들려오는 베란다로 다가갔다. 그때 앞동에 살던 누군가가 이사를 가는 것 같았다. 그것은 이삿짐을 실어 내리는 고가 사다리 소리였다. 높은 층을 오르내리며 밤의 정적을 무참히 깨고 있었다. 저 집에는 무슨 사연이 있기에 한밤중에 이사하는 걸까. 피치 못할 사연이 분명히 있겠지만, '야반도주'라는 단어가 머리를 채웠다. 누굴까? 왜일까? 어디로 가는 걸까?

그때 그가 취기에 흠뻑 젖은 채 들어왔다. 그 모습을 보고도 잔소리하지 않았다. 야반도주하는 것을 보니 우리 가족을 위해 열심히 일하는 그가 고마운 생각이 들었다. 오늘 술자리도 어쩔 수 없는 회사의 연장 근무라 생각하니 더더욱 마음이 아프고 애처로웠다. 곤히 잠든 모습을 바라보며 풀리지 않는 '왜?'라는 의문으로 혼자 밤을 꼴딱 새웠다.

그러기를 몇 번. 오늘 또 저 소리가 난다. 거의 이 시간만 되면 잠에서 깨니 이것도 할 짓이 아니다. 그럴 때마다 또 혼자 미루어 짐작하며 공연히 걱정을 한다. 아무리 그래도 날마다 야반도주를 하는 집이 있다는 것은 참으로 있을 수도 없고 희한한 일이다. 소리의 정체를 확인하기로 했다. 어둠 속에서 눈을 비비며 앞 동을 쳐다봤지만 아무것도 보이지 않았다. 지난번에 들었던 그 소리가 분명하다. 아무리 사방을 둘러봐도 그때 그 소리의 주인공인 고가 사다리는 어디에도 없다.

주위를 두리번거리다가 어느 지점에선가 내 눈이 딱, 멈췄다. 헉! 둔기로 머리를 한 대 맞은 것 같다. 힘이 빠지는 동시에 안도의 한숨이 터져 나왔다. 밤마다 신경을 곤두서게 했던 것은 바로 음식물 분리수거차가 음식물 통을 차에 옮겨 나르는 소리였다. 그날의 야반도주와 같은 우연한 시간이었던 것이다. 밤은 모든 것을 앗아가는 반면에 새로운 출발을 위한 준비의 시간이기도 하다지 않던가. 그것도 모르고 괜한 상상으로 밤잠을 설쳤다. 혼자 고민하며 남의 집 이삿짐 보따리를 몇 번이나 들었다 놨다 했는지 모른다. 어이없는 웃음을 지으면서도 가슴을 쓸어내렸다.

경제가 어려워지자 작은 사업장들이 부도가 나고 문을 닫는 곳이 많아졌다. 그로 인해 갚지 못한 부채가 나날이 늘어나는가 하면, 끝내 시달림을 견디지 못해 남몰래 야반도주를 하거나 자살하는 사람들의 소문을 간혹 들었다. 혹시나 그런 일이 내 주위에 생기지 않을까 염려되어 남의 일 같지가 않았다. 그럼 그렇지. 야반도주는 그 한 번으로 끝이어서 불행 중 다행이었다.

보이지 않는 바퀴 하나

내 이름은 인삼벤자민이다. 요즘 그녀가 앓고 있다. 세상은 온통 꽃밭인데도 모른 척한다. 습관처럼 창밖을 내다보기도 하지만 아주 잠시다. 며칠 전 외출을 하고 돌아온 뒤부터 더 심해졌다. 그녀가 아프면 걱정된다. 나를 살려준 은인이기도 하지만 그녀를 사랑하기 때문이다. 지독하게 앓아봐서 그 마음을 안다. 세상에 혼자인 것처럼 외롭고 마음을 몰라주는 것 같아 서럽기도 하다는 것을.

여섯 해 전이다. 나는 형광등 불빛과 기계음으로 가득한 지하에서 살고 있었다. 자욱한 담배 연기 때문에 가슴이 답답했다. 종일 불빛만 봐야 해서 눈도 시렸다. 햇볕과 맑은 공기도 만날 수 없었다. 심한 소음으로 청력까지 잃어가던 중이었다. 우연히 그곳에 온 그녀의 남편이 시득시득한 내 모습을 보고 이곳으로 데리고 왔다. 오랜만에 바깥세상으로 나오자 매몰된 갱도 속에서 구출된 것처럼 한동안 눈을 뜰 수 없었다.

놀란 눈으로 뛰쳐나온 그녀가 나를 덥석 받아 안고 베란다로 갔다. 바가지에 물을 담아 와서 조금씩 몸을 적셔주었다. 그동안의 갈증을 해소하느라 허겁지겁 받아마시자 사레들지 않게 천천히 끼얹어주었다. 걱정스럽게 뛰는 그녀의 심장 소리가 내 귀로 전해졌다. 뜨거운 그 소리가 가슴속으로 다습게 녹아들었다. 조금씩 기운을 차리기 시작했다.

그녀는 아침마다 눈을 뜨자마자 내게로 달려왔다. 밤새 이상한 증세가 나타나지 않았는지 몸을 찬찬히 살펴보았다. 비닐하우스에서 살 때보다 더 극진한 대접을 받는 것 같아 그녀를 보면 고개가 저절로 숙여졌다. 베란다에 함께 살고 있는 고무나무, 자금우, 관음죽, 팔손이, 군자란도 나를 걱정했다. 그녀의 사랑을 독차지하고 있는데도 질투는커녕 오히려 괜찮을 것이라며 위로해주었다.

비닐하우스에서는 꽃으로, 색으로, 잎으로, 향으로 서로 앞을 다투었다. 좋은 곳으로 팔려가기 위해 치열한 경쟁의식을 느껴야 했다. 지지 않으려고 밤새 몸을 울려가며 새잎과 꽃을 피워냈다. 꽃집 주인과 손님에게 잘 보이려고 안간힘을 써야 했던 곳과는 달리 마음이 편안해졌다. 이른 생각일지 모르지만 이젠 필요 이상의 겨루기를 하지 않아도 되고 몸이 아프면 다 나을 때까지 느긋하게 누워있어도 될 것 같다. 그들의 따스한 마음을 알고 나니 그녀가 보이기 시작했다. 내게도 누군가를 좋아하는 마음이 생길 수 있을 것 같다.

나는 여러 번의 수술을 거쳐야 했다. 새살이 돋아나면 이내 누렇게 염증이 생기고 손발이 오그라들었다. 할 수 없이 잘라내고 또 잘라냈다. 그럴 때마다 그녀는 진심 어린 눈으로 하염없이 나를 바라보았다. 그녀의 사랑을 한가득 들이마시면서 힘을 내었다.

새살이 돋아났다. 잠도 오지 않았다. 입맛도 떨어졌다. 지난번과 같은 증세가 또 나타날까 봐 걱정이었다. 두렵고 무서웠다. 아무것도 보고 싶지 않아서 눈을 감았다. 그런데 내 몸에 변화가 생겼다. 몸이 가벼워졌다. 그녀는 나를 햇볕이 많이 들어오는 곳으로 옮겨 놓으며 영양제까지 챙겨주었다. 피부는 갈수록 푸르게 빛났다. 염증도 없고 통통하게 살도 올랐다. 시간이 갈수록 힘이 느껴졌다. 푸르고 싱싱한 모습으로 나는 멋지게 다시 태어났다.

어느 날, 그녀가 창문을 활짝 열었다. 바람이 심술궂게 나를 툭 건드렸지만 휘청거리지 않았다. 보란 듯이 어깨를 쫙 펴고 여유 있게 웃었다. 이젠 됐어, 진짜 나를 되찾은 거야. 베란다에 있는 친구들이 환호성을 지르며 나의 회생을 축복해주었다. 그녀의 지극정성으로 뼈대 있는 가문의 후손으로 거듭났다.

그토록 다정다감했던 그녀가 웃지도 않고 말도 없다. 기운도 없어 보인다. 우울 모드에 잠겨있다. 내 감각기관으로는 그녀의 우울 모드를 제대로 감지할 수 없다. 혹여 그녀가 자신이 피운 불에 델까 봐, 그것으로 인해 시간을 헛되이 소진할까 걱정이다.

며칠째 얼씬도 하지 않던 그녀가 힘없는 모습으로 나타났다. 그녀가 왔어. 그녀가 왔다고! 창백한 얼굴로 술렁거리는 베란다를 죽 둘러보던 그녀가 어딘가에 눈길을 멈추더니 금세 화색이 돌았다.

"어머, 이것 봐! 꽃이 피었어. 밤새 선인장이 꽃망울을 터트렸어. 한파에 얼어 죽었을까 봐 얼마나 걱정했는데, 잘 견뎌줬어. 정말 대단해. 사실 축 처져있어서 뽑아버리려고 했거든. 기다려주기를 잘 했어, 그렇지?"

아무도 없는 거실 안을 들여다보며 누가 듣기라도 하는 것처럼 혼자 호들갑을 떨었다. 그녀의 눈가가 촉촉해졌다. 어쩌면 며칠을 앓고 난 자신에게도 하고 싶은 말이었는지 모른다. 아픔을 안다는 것은 이미 아픔을 겪어봤기 때문이고, 추위를 안다는 것은 추위를 겪어봤기 때문이다. 그녀는 가시를 품은 선인장이 엄동설한을 이겨내고 꽃을 피운 것이 대견하여 기쁨을 감추지 못한다. 이제야 마음이 놓인다. 모두를 기쁘게 해 준 선인장이 고맙다. 그녀의 생기 있는 목소리가 온 집안을 통통거리며 돌아다닌다. 나와 그녀와 그녀를 기쁘게 해준 선인장 사이에 보이지 않는 바퀴 하나가 굴러가고 있다.

메아리

드릴 소리가 머리를 짓누르고 고막을 파고든다. 부수고 뜯어내는지 집이 통째로 흔들려 천장이 내려앉을 것 같다. 책을 볼 수도 누워서 쉴 수도 없다. 머리가 지끈거리다 못해 터질 지경이다. 설마 오늘로 저 일도 고드래뽕*이겠지, 하던 내 예상은 일주일째 빗나가고 있다. 위층은 리모델링 중이다.

승강기 안쪽이나 입구에 여차여차해서 공사를 하니 양해해 달라는 협조문 한 장 붙여두지 않았다. 찾아와서 이해를 구하지는 못하더라도 그 정도는 마땅한 게 아닌가. 새로 이사 올 위층 사람들의 태도가 못마땅하다가 사람들까지 미워지려 한다. 그렇다고 올라가서 시끄럽다고 해봐야 당장 공사를 그만둘 것도 아니다. 소리에 갇혀 있으니 기억 한 자락이 슬며시 떠오른다.

* 고드래뽕: 하던 일이 다 끝남을 구어적으로 이르는 말

봄기운이 실 가닥처럼 보일락 말락 하던 날, 아래층에서 인터폰이 왔다. 시끄러우니 좀 조용히 해 달라고 했다. 아이들이 어려서 뛰어다닐 수 있었기에 무조건 미안하다고 했다. 조심시킨다고 했는데도 시끄럽다니, 부아가 치밀었다. 그렇다고 발목을 묶어둘 수도 없다. 아이를 키우는 같은 입장이면서 조금도 이해해주지 못하는 아래층 사람들이 야속했다.

얼마 후, 아래층에서 또 인터폰이 왔다. 누가 거실에서 롤러블레이드를 타냐며 뜬금없는 소리를 했다. 기가 막혔다. 내가 청소기를 사용하던 중이었다고 했지만 믿지 않았다. 나도 그만한 지각은 있는 사람인데 무슨 소리냐고 되물었다. 목소리는 점점 크게 오갔고 다시는 이런 일로 인터폰을 하지 말라며 그녀의 말을 잘라버렸다.

벌겋게 달아오른 얼굴로 그녀가 숨을 헐떡이며 쫓아 올라왔다. 당장 무슨 일이라도 벌일 것만 같다. 평소 같았으면 그 서슬에 기가 눌릴 뻔했겠지만, 툭하면 인터폰을 해대는 행동에 나도 더 이상 참을 수 없다. 확인이라도 하듯 그녀의 날 선 눈이 거실에 놓여 있는 청소기에 꽂혔다. 그녀는 날카로운 말투로 앞으로는 청소기를 다른 시간에 돌리라며 어깃장을 놓았다. 참다못한 나는 인내심에서 하차하여 여과 없이 쏘아붙였다.

"우리 집에서 내 맘대로 청소도 못 해요? 그리고 내가 댁의 사정을 맞춰줘야 할 이유도 없을뿐더러 댁이 무슨 자격으로 내게 그런 말을 하는 거죠?"

그녀는 야간작업을 하고 와서 자는 시간이라 청소기 소리가 방해된다는 것이다. 나는 해가 중천에 있음을 강조했고, 그녀는 야간작업을 내세우며 내게 으름장을 놓았다. 서로 한 치의 양보도 없이 팽팽했다. 분이 풀리지 않는 얼굴로 그녀는 쿵쿵거리며 내려갔고 나는 온몸에 열이 올랐다. 누군가 성냥을 그어댔으면 우리는 공중으로 산화했을지도 모른다. 아래위층은 뉴스 속의 한 장면이 되어 세인들의 입을 따라다녔을 것이다.

냉각수가 필요했다. 문이란 문은 죄다 열어젖혔다. 청소는 했으나 개운하기는커녕 오히려 더 찜찜했다. 먼지가 마음속으로 들어와 뿌옇게 떠다녔다. 말은 그렇게 했지만 신경은 온통 아래층으로 쏠렸다. 잠 못 들고 뒤척이는 그녀의 모습이 자꾸 눈에 어른거렸다. 문 닫듯 쉽게 닫아버린 내 귀를 열어 그녀의 말을 곰곰이 생각해 보았다. 그러다가도 '내가, 왜?' 하며 혼자 끙끙댔다.

그날 이후 가능한 그녀가 잠잔다는 그 시간을 피해 청소하려고 노력했다. 그녀도 더 이상 인터폰을 하지 않았다. 딴에는 아래층을 위해서라고, 나름 배려라고 스스로를 위로했지만 결국은 내 마음이 편하기 위해서였다. 한 아파트에서 살려면 상대방에게 맞춰줘야 할 때가 있다는 것을 알았다.

생활 방식이 다른 사람들끼리 합의점을 찾는다는 것은 쉽지 않다. 한쪽만 양보한다고 될 일도 아니다. 특히 아파트에서는 더 그렇다. 서로 등을 돌리면 남이 되고 마주 보면 이웃사촌이 되듯 아래위가 한 공간에 공존하는 것은 더불어 살라는 뜻이다.

아옹다옹하는 인생도 구조 변경을 하기 위해 부수고 뜯어내고 붙이는 공사와 다를 바 없다. 새로 이사 올 위층 사람들이 그들의 취향에 맞게 구조를 바꾸는 것처럼 산다는 것도 어찌 보면 부족한 부분을 하나씩 채워가는 과정이 아닐까. 일이 마무리될 때까지 시끄럽더라도 참아야 하는 게 내 몫이다. 오래전 내 목소리의 메아리가 들리는 듯하다.

이별 의식

가을 하늘의 푸른 물이 그녀와 나의 머리 위를 맴돈다. 아기가 엄마 품에 안긴 듯 나지막한 산자락에 싸여있는 자그마한 시골 마을이다. 띄엄띄엄 있는 집들은 예전처럼 활기차 보이지는 않는다. 개울가에 흐드러지게 핀 코스모스는 그때보다 더 풍요롭다. 산천은 의구하되 인걸은 간데없다더니 이를 두고 한 말인가 보다.

학교를 파하면 버스를 기다리던 시골 친구들이 부러웠다. 비포장도로를 달리는 버스를 타고 흙먼지를 뿌옇게 일으키며 사라지는 그곳이 궁금했다. 어떤 곳일까. 설마 소인국은 아니겠지만 도시와는 비교할 수 없는 곳이려니 하는 기대감이 가득했다.

어느 날 드디어 그 털털거리던 버스를 타게 되었다. 그녀가 나를 자기 집으로 초대했다. 다행히 일요일이라 복잡하지는 않았다. 비포장도로를 달리고 있다는 것만으로도 좋았다. 버스는 그녀가 사는 동네까지 들어가지 않고 어느 지점엔가 내려주더니 휑하니 떠나버렸다. 낯선 곳이라 겁을 먹었지만 마중 나온 그녀의 손을 잡자 두려움은 순식간에 사라졌다.

흙먼지 속으로 사라진 그들이 사는 곳은 내가 늘 그리며 꿈꾸던 꽃피는 산골임에 틀림없다. 개울가에 흐드러지게 핀 코스모스는 천사들의 날개옷처럼 하늘하늘 거리며 춤을 추었다. 그녀는 개울이 그 누구보다도 소중한 친구라며 속내를 살짝 드러냈다. 개울가에서 쑥을 캐고 멱을 감고 콩서리 한 것을 구워서 입이 시꺼멓도록 먹는다며 행복을 마구 쏟아냈다. 징검다리에 앉아 발을 담근 채 물소리를 들으며 마음을 달래고 몸이 열기구처럼 공중으로 떠오를 땐 들꽃도 진한 향기를 내뿜으며 같이 웃어준다고 했다.

그녀가 부러웠다. 한 번도 그런 것을 해본 적이 없던 터라 나도 같이 친구 하고 싶다는 말이 목젖까지 올라왔지만, 꿀꺽 삼켰다. 그곳은 그녀의 삶의 근원이 되는 곳이라서 혼자 간직하고 싶을지도 모른다. 그 세계를 방해하고 싶지 않았다. 말 대신 개울가를 누볐다. 따가운 햇살을 받으며 가을 향기에 젖었다. 그녀의 해맑은 웃음과 함께 시골의 정겨운 모습을 만끽했다. 말 없음 가운데도 우리는 조금씩 친해졌다.

세월이 훌쩍 넘어갔다. 어느 날 그녀의 목소리가 미세하게 떨리며 젖은 채로 내게 왔다.

"내가 복이 없어서 그런지 우리 신랑을 저세상으로 먼저 보냈다."

"…"

"…"

기가 꽉 막혔다. 아무 소리도 들리지 않았다. 무슨 말을 하긴 해야겠는데 말이 나오지 않았다. 위로는 고사하고 나는 떨고 있었다. 그녀 또한 떨고 있는 것 같았다. 우리는 둘 다 사시나무 잎이 되었다. '왜, 어쩌다가'를 반복하는 내 말은 입안에서만 맴돌았다. 아직은 젊은 나이다. 아이들은 어떻게 하고, 그녀는 또 어떻게 해야 할까.

그녀는 잠을 자다가 느닷없이 심장마비가 온 남편을 놓칠 수밖에 없었다. 자신을 자책하며 하루하루를 보냈다. 정신을 차려보니 예쁜 딸들이 품에 안겨 있었다. '아차' 하는 생각에 자리를 털고 일어났다. 그녀의 남편이 세상을 떠난 지 벌써 일 년이 되었다. 애써 내색하지 않으려 엷은 미소를 짓는 모습에서 아린 슬픔이 번져났다. 그녀를 말없이 껴안았다. 떨리는 가슴이 내 심장으로 전해졌다. 문득 우리들의 가슴을 가득 채워 준 아름다운 그곳이 생각났다. 쓰러진 마음을 어루만져 줄 수십 년 전의 그곳으로 가면 그녀가 다시 힘을 얻을 수 있을 것 같았다.

단발머리 나풀거리던 그 시절 그 자리에 왔다. 나는 감홍빛 그리움으로, 그녀는 비어버린 한쪽 가슴을 움켜쥔 채 쓸쓸함으로 서 있다. 추수가 끝난 들녘에서 늙수그레한 허수아비가 우리를 반긴다. 들판을 태우는 냇내가 온몸을 휘감는다. 바람에 흔들리는 코스모스가 이리저리 휘청거리지만, 쉽게 꺾이지 않는다. 저 가느다란 몸속에는 아무리 험난한 비바람에도 끄떡없는 중심이 있다는 것을 그녀는 알까.

왜가리 한 마리가 먼 곳으로 시선을 던져둔 채 넋이 나간 듯 서 있다. 한쪽 다리로 서서 추위와 외로움을 견디는 모습을 바라보자니 설움이 쿨렁거린다. 뒤로 한 걸음 물러서며 잡고 있던 그녀의 손을 살며시 놓았다. 그녀는 무겁게 한 걸음을 앞으로 내디뎠다. 그리고는 조용히 흐느끼기 시작했다. 울음소리는 점점 크게 들려왔다. 그것은 슬픔과의 이별 의식이었다.

으름장

기분이 묘하다. 녀석의 카톡 프로필에 낯선 여자아이 사진이 걸려있다. 누굴까. 여자 친구가 생겼을까. 그렇다고 같이 찍은 사진도 아닌 독사진을 올려놓다니. 요즘 아이들에겐 흔한 일인데도 나는 왜 이해하고 싶지 않은 것일까.

내 생각과 동일하기를 바라며 퇴근해온 그에게 화면 속 사진을 보여줬다. 뒤 집 딸인지 예쁘고 귀엽다며 싱글벙글했다. 예쁘기는 무슨, 귀여운 데가 어디 있다고? 그의 태도가 더 못마땅해서 화면을 닫아버렸다. 내가 왜 이러는지 모르겠다.

녀석이 교통사고로 입원했을 때였다. 병실에 갇혀 있는 녀석에게 가을을 안겨주고 싶어서 노란 국화가 함함히 피어있는 화분 하나를 샀다. 창가에 두고 손으로 향기를 훑어 녀석의 코에 대주었다. 향기 나지? 향기 좋지? 녀석은 킁킁거리며 눈을 감고 음미했다. 그런 모습을 보고만 있어도 마음은 꽃밭보다 더 환해졌다.

잠시 집에 다녀온 사이였다. 단발머리를 한 예쁘장한 여자아이가 내가 앉았던 그 자리에서 생글거리고 있다. 녀석은 그 아이의 머리칼을 쓸어주며 사랑스러워 죽는 눈빛으로 쳐다본다. 눈을 뚫고 들어가고도 남을 기세는 내가 앞으로 더 나아갈 수 없도록 투명한 벽을 만드는 것 같다. 병실 문 앞에서 주춤하다가 얼른 뒤돌아 나와버렸다.

힘 없이 계단을 내려왔다. 꼬집어 말할 수 없는 미묘한 감정이 올라왔다. 엄마 냄새가 좋다고 껴안으며 여기저기 뽀뽀를 해대던 녀석이다. 언제까지나 내 품에 있을 거라 생각했다. 봄날 같던 마음에 때아닌 서늘한 바람 줄기가 가슴을 파고들었다. 순식간에 꽃은 떨어지고 앙상한 나뭇가지만 남은 것 같다. 추웠다. 화장실 변기에 앉아 괜히 봐 버린 그 장면을 떠올리며 실없이 훌쩍거렸다.

벌겋게 된 내 눈을 보더니 그가 이유를 물었다. 그 말에 서러워 또 눈물이 쏟아졌다. 쓸데없는 눈물주머니만 주렁주렁 달렸는지 멈추지를 않았다. 입을 꾹 다문 채 턱으로 병실을 가리켰다. 그를 수문장처럼 앞세우고 저벅저벅 병실로 올라갔다. 그 여자아이는 가고 없고 녀석은 언제 그랬냐는 듯 자고 있다. 그가 녀석을 흔들어 깨우려는 걸 말렸다.

"깨우지 마, 내가 아파!"

뜬금없는 소리에 눈이 둥그레진 그가 내 이마를 짚었다. 아침까지 멀쩡하더니 무슨 소리냐고 되물었다. 고자질하듯 볼멘소리로 운 이유를 말하자 그가 철없는 아이를 쳐다보듯 피식 웃었다. 별일도 아닌 것에 예민하게 구는 내가 딱하고 안쓰러웠는지 어깨를 감싸며 토닥여주었다.

"나도 당신을 그렇게 사랑했어. 지금도 사랑하고 있고 말이야. 그러면 됐지, 욕심도 많네. 녀석도 좋아하는 사람이 생기면 당연히 그렇게 해야지. 그리고 시쳇말로 아들은 장차 며느리의 남자가 된다잖아. 더 서운해지기 전에 미리 마음부터 비워. 그리고 당신한테는 든든한 내가 있잖아. 나만 믿어."

마음 한 자락이 슬며시 풀어지면서도 역성드는 그를 향해 당신과 아들은 다르다며 툴툴댔다. 어머니도 그러셨을까. 하나밖에 없는 아들을 선뜻 치마폭에서 내어주고 싶었겠는가. 며느리에게 아들을 뺏긴 기분이 들었을 테다. 신혼 때는 일일이 간섭하고 나보다 더 그를 챙겨주는 어머니가 싫었다. 서툰 솜씨지만 그가 좋아하는 반찬과 간식도 만들어주고 싶었다. 뭐든 아들이 좋아한다면 말 떨어지기 무섭게 대령했다. 내가 할 수 있는 일을 모두 빼앗아버리는 것 같아 못마땅했다.

말은 그렇지만 아무것도 제대로 할 줄 모르는 핑계에 불과할지 모른다. 속마음은 아들만 더 사랑해주는 것 같아 섭섭했을 테다. 그와 동등하게 어머니의 사랑을 받고 싶었기 때문이었는지도 모른다. 아무리 며느리가 예쁘다고 해도 아들만은 하겠는가. 팔은 안으로 굽는 법이다.

요즘은 꾀가 늘어 내가 먹고 싶은 것도 그가 좋아한다고 슬쩍 둘러댄다. 눈치 백 단인 어머니가 모르실 리 없다. 그럼에도 기쁘게 음식을 만드시는 걸 보면 이제 나도 그와 동격이라 감히 말할 수 있다. 그 덕분에 아직 간장이며 된장도 못 담그고 김치는 물론 밑반찬까지, 어머니의 그늘을 먹고 산다. 친구들은 이런 나를 보고 복이 터졌다며 부러워한다. 맞다, 나는 복 터진 며느리다. 그러나 언제까지 누릴지 모른다. 나도 언젠가 며느리를 볼 것이다. 어머니처럼 해줄 것도 없고, 잘 하지도 못할 것 같아 걱정이다.

아들을 사랑한다면 좋아하는 여자 친구도 같이 사랑해줘야 하는 게 아닌가. 좋아해 주는 것만도 고마운데 시샘이나 하다니. 욕심에 불과한 마음을 진정한 사랑이라고 우기며 가벼운 눈물로 포장까지 하다니. 치사하다, 그건 사랑이 아니거늘.

친구는 말한다. 나중에 아들이 결혼하면 며느리에게 일 년에 한 번씩은 아들을 빌려달라고 해서 같이 자고 싶단다. 글쎄, 나는 손사래를 쳤다. 빌려달라니, 난 그러고 싶지 않다.

엄마와 아들 사이에는 설명할 수 없는 묘한 감정이 있는 게 분명하다. 어머니의 모습에서 나를 보고, 그에게서 녀석의 미래를 본다. 그는 녀석에게 아무리 그래 봐야 소용없으니 지금부터라도 자기만 보고 살라며 슬쩍 으름장을 놓는다.

잠시 사람들로부터 떨어져 있고 싶어 혼자 앉았다.

새 소리를 듣고 있자니 엉성한 내 울타리가 만져진다.

새들도 혼자일 때보다 여럿일 때 더 빛나는 화음을 만들어낸다.

뒤로 한 걸음 물러서 보니 사끄럽던 그들의 언어가 틀린 게 아니라

다르다는 것을 이해할 수 있을 것 같다.

/ 3부 /

나를 부르는
그 소리가 왜 그리
달콤하게 들렸을까.

도시락

몸이 가라앉는다. 또 병이 도질 것 같다. 비가 오는 날이면 이유 없이 슬퍼진다. 그 슬픔을 안고 어디든 배회하고 싶다. 빗줄기가 점점 굵어지는데도 무작정 집을 나섰다.

문득 엄마가 보고 싶다. 무른 과일을 좋아하시는 엄마를 위해 딸기 한 바구니를 샀다. 이렇게 사정없이 비가 내리는 날 느닷없이 찾아가면 분명 놀라실 게다.

"야가, 비가 이래 마이 오는데 우짠 일이고?"

울컥 목이 멘다. 이마에 깊게 패인 주름, 거무죽죽한 검버섯, 앙상하고 마른 손, 세월은 구슬을 꿰듯 촘촘히 흔적을 남겨 놓았다. 엄마는 아침에 나갔다가 저녁에 돌아오는 식구를 반기듯 마른 수건으로 내 등이며 머리칼을 닦아 주신다. 따스함 속으로 들어앉는다.

엄마는 크고 붉은 딸기를 집어 내 입에 넣어주신다. "아이고, 달다 달어. 너도 먹어라. 얼른 먹어." 목으로 넘어가던 딸기가 꽉 막히는 듯하다. 달콤한 딸기를 드시면서 딸의 얼굴을 더 달게 쳐다보신다. 잠시 스쳐 가는 바람처럼 뵙는 것이 죄송스럽다. 엄마는 딸기에다 허기진 그리움을 얹어 드시는 것 같다. 지금은 그리움에 허기져 계시지만 내 어린 시절에는 늘 가난에 허덕이셨다.

학교 앞 문구점에서는 아이스크림을 팔았다. 말이 아이스크림이지 오렌지색 색소를 조금 넣어서 만든 달콤한 얼음덩어리였다. 친구들은 삼삼오오 짝을 지어 오렌지색으로 물든 혓바닥을 날름날름 내보이면서 자랑스럽게 웃어댔다. 나는 한 번도 그것을 먹어보지 못했다. 친구들에게 '한 입만 먹어보자.'는 말은 죽어도 하기 싫었다. 그렇다고 엄마에게 사달라는 말을 한 적은 더더욱 없다. 부러움과 알 수 없는 슬픔을 군침에 섞어 삼키면서 친구들을 외면했다.

그 여름이 기울 무렵이었다. 엄마가 찬장 맨 위 칸에 도시락을 넣어두고 있는 것을 보았다. 은밀하게 열고 닫으시는 모습을 보면서 그것을 얼마나 소중하게 여기는지 눈치챌 수 있었다. 어렴풋이 엄마의 저금통이라는 것을 알았다. 순간 발칙한 생각이 떠올랐다. 그러자 갑자기 숨소리조차 낼 수 없을 만큼 겁이 났다.

가슴은 두근거리고 심장은 빠르게 뛰었다. 엄마한테 혼날 것을 생각하니 눈앞이 어질했다.

남몰래 도리깨침을 삼키던 열두 살 꼬마는 아이스크림의 유혹을 결국 이겨내지 못했다. 터질 것 같은 가슴을 안고 도둑고양이가 되었다. 도시락 뚜껑을 열었다. 구겨져 있던 비릿한 가난의 냄새가 벌벌 기어 나왔다. 떨고 있는 손가락 사이로 빠져나가며 나를 힐끗 쳐다보았다. 지금 무슨 짓을 하고 있는 건가. 쿵쾅거리는 심장 소리가 흔들리는 마음을 뚫고 들어와 빨리하라고 재촉했다. 망설임을 이겨내고 충동대로 실행했다.

드디어 오렌지색 아이스크림을 손에 쥐었다. 한입 베어 물었다. 달콤하고 시원했다. 또 한입 베어 물자 뜨거운 눈물이 주르륵 흘러내렸다. 차갑기만 할 뿐 별맛도 없는 아이스크림이 입안으로 녹아들자 먹고 싶던 간절함보다 서러움이 더 크게 밀려왔다. 겨우 이 맛을 보려고 그런 짓을 했던가.

한낮인데도 주위가 밤처럼 느껴졌다. 엄마에게서 몇 개의 동전보다 훨씬 더 소중한 그 무엇을 훔치고 말았다. 얼마나 실망하실까. 억지로 부러움을 이기고 나니 이번엔 두려움에 짓눌렸다. 거울 속의 내 혀는 서녘 하늘의 노을보다 더 붉게 물들었고 엄마의 가슴에는 가난이 더 쓸쓸하게 번졌을 테다. 말 못 할 가슴앓이를 하면서 한동안 웃지 않았다. 엄마는 그 일을 알고도 모른 척하셨을 게다. 어린 딸이 가난을 들여다본 것도 괴로운데 그것으로 인해 열병까지 앓고 있는 모습을 아는체할 수 없었을 것이다.

열두 살에 열었던 그 낡은 도시락을 기억하며 엄마의 얼굴을 다시 바라본다. 대청마루에 앉아 다듬이질하시던 푸른 모습이 보인다. 장독대 가장자리에 오밀조밀 모여 앉은 빨강, 노랑, 분홍, 하얀 채송화의 웃음소리도 들리는 듯하다. 이제 그것들은 엄마의 도시락에만 들어있을 뿐이다. 자식들은 성장해서 제 길로 떠났다. 엄마는 도시락을 지킬 필요도, 다듬이질을 할 필요도 없다. 꽃을 가꿀 기력도 없다. 그 도시락에는 '없음'들이 채워져 있다. 가난했지만 자식들의 웃음소리가 끊이지 않던 그때가 더없이 행복한 시간이었는지 모른다. 내가 시계를 쳐다보자 엄마는 날 저물기 전에 얼른 가라며 서운한 빛을 애써 감추신다.

한결 가늘어진 비가 플랫폼에 서 있는 내 머리 위로 내린다. 엄마는 아직도 대문 밖에 서 계실 것만 같다. 다음에 와서는 아이스크림 이야기를 해드려야겠다. 무심한 세월이 과거로 사라진 지 오래인데도 그 일만 생각하면 여전히 가슴이 두근거린다.

내 마음에 담긴 소리

아침 안개가 햇살에 쫓겨 산으로 달아날 즈음이었다. 책보자기를 어깨에 둘러멘 상바산 아이들이 수락마을에 있는 학교를 향해 뛰어갔다. 아이들이 뛸 때마다 철컥철컥 필통 소리가 났다. 필통은 어린 등에 매달려 가는 것이 미안했는지 발걸음에 장단을 맞췄다. 이슬이 몸피를 줄여 스며든 풀잎도 덩달아 춤을 추었다. 그 소리에 끌려 마당으로 나왔다. 아이들은 순식간에 마을을 지나 저만치 가버렸다. 아득하게 멀어진 소리를 들으며 그들의 꽁무니가 사라질 때까지 우두커니 서 있었다. 마을은 다시 조용해졌다.

한낮이 지나고 서쪽 하늘이 점점 붉게 물들었다. 아랫마을로 간 아이들이 철컥대며 다시 하나둘 집으로 돌아왔다. 아침에 그랬던 것처럼 아이들은 그 요란한 소리를 끌고 마을을 지나 노을

속으로 또 사라져버렸다.

산마을은 작은 소리에도 메아리가 울려서 하늘이 뚫려있는 큰 동굴처럼 여겨졌다. 그 울림은 마음 깊숙이 파고들어 가슴을 뛰게 했다. 뭔지 모를 아련함이 묻어와 슬프기도 했지만 왠지 그 소리가 좋았다. 아이들의 필통 소리를 들으면서 나도 여덟 살이 되면 할머니 집에서 우리 집으로 돌아가 학교에 갈 수 있다는 생각을 하게 되었다. 그 소리를 들으면서 아련한 행복감에 젖곤 했다.

댕! 댕! 댕! 종소리가 은은하게 들려왔다. 일요일 오전이면 사람들은 성경을 옆구리에 끼고 예배당으로 몰려갔다. 나는 수돗가에 앉아서 빨래를 했다. 세숫대야에 하이타이를 풀어 교복을 빨고 솔에 비누를 묻혀 운동화를 씻었다. 비누 거품은 손에서 미끄러지기도 하고 입으로 후 불면 하늘로 방울방울 솟아올랐다. 빨래를 헹궈 널고 집게를 비스듬히 꽂아놓고 보면 잠자리가 살포시 내려앉은 것 같았다.

엄마와 언니는 장독을 씻고 하얀 마른행주로 윤이 나게 닦았다. 꽃밭에 핀 꽃들은 물줄기가 자기 쪽으로 오기를 기다리며 목을 길게 빼고 우리를 쳐다봤다. 장독대 청소가 끝나고 언니는 푸른 호스를 꽃밭으로 가져갔다. 맨드라미와 백일홍, 분꽃과 접시꽃은 물줄기를 보자마자 함성을 질러댔다. 꽃밭 식솔들과 어울려 옷이 젖도록 한참을 놀았다. 언니와 내 옷에는 어느새 붉고 푸른 꽃물이 들어 또 한 송이의 꽃으로 피어났다.

온 마을에 축복이 내리는 듯했다. 빨래 위로, 장독대로, 꽃밭으로 햇살이 눈부시게 쏟아졌다. 종소리가 울려 퍼지는 마을은 평소보다 더 평화로워 보였다. 어느 화가가 그려내는 마을 풍경이 이보다 더 아름다울 수 있을까. 교회에 다니지 않아도 마음은 경건했다. 그동안 잘못한 것은 없는지 슬며시 여기저기를 더듬대 보았다. 예배당 종소리를 들으면 마음도 말갛게 헹궈져 평온해지는 것 같았다.

벚꽃 잎이 눈처럼 날리던 날이었다. 누군가 머리에 꽃잎을 이고 저만치 오고 있었다. 걸을 때마다 달그락달그락 거렸다. 그의 책가방에 들어있는 빈 도시락에서 수저가 부딪치는 소리였다. 거리가 좁아질수록 점점 더 크게 들려오더니 내 앞에서 멈췄다. 환하던 봄빛은 포말이 흩어지듯 소리에 부서져 버렸다. 꽃잎들도 모두 일어나 우리를 바라보며 키득댔다. 그도 눈치 없이 덩달아 씩 웃었다. 나는 입을 꼭 다물고 바닥으로 내려앉는 설렘을 다독였다. 여학생을 만나러 오면서 품위 없이 저런 소리를 몰고 오다니, 참 못마땅했다.

설레던 내 가슴에도 달그락 소리가 났다. 사람이 살아가는데

밥을 먹는 것은 당연한 일이다. 내 책가방에도 빈 도시락이 들어 있음에도 불구하고 도시락 같은 것은 안 먹는 사람처럼 앙큼을 떨었다. 그가 예의가 없고 무식해 보인다고 속으로 나무랐지만 사랑도 달그락거리는 소리 속에서 무르익어 간다는 것을 나보다 먼저 알고 있었던 것 같다. 헤어질 때까지 그 소리에 대해서 한마디도 하지 않은 채 끝까지 잘난 척했다.

유년의 풍경에 대한 기억은 빛과 소리로 가득하다. 학교로 달려가던 어린 발걸음의 가벼움, 마음을 말갛게 헹궈주던 투명함, 푸른 하늘과 같은 순수함은 모두 꽃밭의 햇살과 함께 어우러진다. 꽃들이 툭툭 꽃망울 터트리는 소리를 내면 어딘가에 담겨있던 내 마음의 풍경 소리도 여기저기서 들려온다.

바람자루

나무가 몸을 드러낸다. 무성했던 잎이 하나둘 떨어지자, 가려서 잘 보이지 않던 그들만의 간격이 한눈에 들어온다. 우거질 때는 몰랐는데 몸체가 드러나니 더 정확하게 보인다. 서로 어깨가 맞닿지 않도록 팔을 뻗고 있다. 한쪽으로 멀찌감치 떨어져 있는 가지가 있는가 하면 너무 가까워서 고통스러워하는 것도 있다. 가지와 가지 사이로 햇볕과 바람이 드나든다.

사람에게도 수다스럽고 번잡한 수식어들이 떨어져 나가면 그 본연의 모습이 보인다. 나는 누구에게든 너무 가까이도 너무 멀지도 않는 미적 거리를 둔다. 거리만큼 생각할 시간을 가지기 위해서다. 너무 가까이 있다 보면 상대를 내 몸인 양 착각하여 함부로 대할 수 있고 조금만 소홀해도 쉽게 서운해지기 때문이다. 사람과의 관계를 오랫동안 유지하기 위해서는 약간의 긴장이 필요한 미적 거리가 좋다.

그럼에도 마음의 간격은 일정하지 않다. 마음이 수런거릴 때가 있다. 그럴 때면 조용한 곳으로 나가서 오래도록 걷는다. 인적이 드문 구붓한 산길을 따라 걷다 보면 주위의 소리들을 음미하게 된다. 낙엽 더미 위로 무언가 떨어지는 건조한 소리, 메마른 창포가 서로 얼굴을 비비적대는 소리, 술렁이는 바람 소리를 듣는다.

새소리가 귀를 끌어당기며 달팽이관에 서리처럼 달라붙는다. 홀린 듯 소리를 쫓아가 보니 동박새 무리가 자작나무 우듬지에 앉아 지저귀고 있다. 나뭇가지 사이로 재잘재잘 오고가는 새들만의 언어가 흡사 허공에 켜는 악기 소리 같다. 가만히 눈을 감고 햇볕을 등지고 앉았다. 경쾌한 화음에 바람도 귀를 기울이는지 잠잠하다. 기계음, 자동차 소리, 도시의 숲을 이루는 빌딩 속에서 왁자지껄한 사람들 소리를 벗어나 밖으로 나왔다. 복잡한 생각들을 잠시 덮어두고 조용한 시간을 보내고 싶었다. 문을 닫고 나오면 또 하나의 문을 열기 마련이라 했던가. 미욱하게도 또 소리에 끌려 정신을 놓고 마음까지 내주고 만다.

마음 뼈대가 단단하지 못하여 부러지기보다 휘어질 때가 많다. 머리에서 가슴까지는 실제로 두 뼘도 채 안 되지만 세상에서 가장 먼 거리라고 한다. 그래서일까. 마음은 몸 한가운데 있으면서도 가장 말을 안 듣는 것이기도 하다. 온몸을 통하여 생각을 전달하지만 가끔은 전혀 다른 행동을 지시한다. 자잘한 감정들이 튀어나오는 것을 허락하다가도 누군가의 못내 서운한 목소리를 들으면 언제 그랬냐는 듯 반원을 그리며 제자리로 돌아와 버린다.

세상에는 잘난 사람도 많다. 저마다 똑똑한 사람들 틈에서 가끔 목소리를 내고 싶을 때가 있다. 어쩌다 사람들과 어울려 있을 때는 말과 행동이 가벼워지기도 한다. 말꼬리를 잡고 이마를 맞대다 보면 옹벽에 갇혀 뒤를 볼 수 없다. 언행일치가 안되는 사람은 약삭빠르게 벗어나는가 하면, 그렇지 못한 사람은 갇히고 만다. 허망한 일이다. 그럴 땐 생각의 그물에서 빠져나와 혼자 있고 싶다.

자신의 지식이나 생각이 온전한 것인 양 착각하는 사람들이 많다. 해와 달이 공존하여 서로 다른 세계가 어우러져 한 세계를 이룬다는 것을 모른다. 자신만의 해와 달을 절대라는 단어로 내세우며 상대방을 탓하기도 한다. 공존을 존중하며 새로운 생각을 끌어내었으면 싶지만 그렇지 못할 때는 참으로 씁쓸하다.

나무는 숲을 이루고 새들은 무리를 지어 살아간다. 나 또한 사람과의 관계 속에서 살아가고 있다. 잠시 사람들로부터 떨어져 있고 싶어 여기 혼자 앉았다. 새 소리를 듣고 있자니 엉성한 내 울타리가 만져진다. 새들도 혼자일 때보다 여럿일 때 더 빛나는 화음을 만들어낸다. 뒤로 한걸음 물러서 보니 시끄럽던 그들의 언어가 틀린 게 아니라 다르다는 것을 이해할 수 있을 것 같다.

결국 사람들 속, 관계망으로 돌아갈 수밖에 없다. 가끔씩 찾아오는 외로움도 그 속에서 견뎌야 한다. 새소리가 가슴을 뛰게 한다. 산수유나무를 쓰다듬던 햇살이 길게 손을 뻗어 바람자루 같던 내 마음을 토닥여준다. 헐벗은 나뭇가지가 발그레한 잎눈을 내민다. 금방 봄이 찾아와 연둣빛을 세상에 마구 퍼뜨릴 것이다. 홀로 떨어져 있던 새 한 마리가 햇볕을 툭 차며 무리 속으로 날아오른다.

누군가 나를 부를 때

"새댁, 이것 좀 사 가요."

노점상 할머니의 말에 이만큼 왔다가 다시 되돌아가 소쿠리에 담아놓은 푸성귀를 한 보따리 샀다. 처음부터 살 생각은 없었다. 그냥 하는 소리인 줄 알면서도 순진하게도 '새댁'이란 말에 그만 가슴이 뭉클해져서 걸음을 돌렸다. 아파트 앞에 오후 장이 서는 곳에는 사람냄새가 나서 좋다. 물건만 사는 게 아니라 사람과 사람 사이에 홍정도 오고가고 훈훈한 마음까지 덤으로 받을 수 있으니 얼마나 좋은가. 더불어 느슨해진 일상에 탄력까지 안겨준다.

하루 동안 나는 여러 호칭으로 불려진다. 마치 열차를 타고 정거장마다 내렸다가 다시 승차하기를 반복하는 것 같다. 정거장마다 풍경도 다르고 만나는 사람도 다르다. 은행에 가서 번호표를 뽑고 기다리면 몇 번 고객이 되고, 옷가게 주인 여자가 "이모"

라고 부르면 금세 모르는 사람의 이모가 된다. 길을 가다 낯선 사람이 "저기요" 하고 내게 길을 물으면 팔을 죽 뻗어 손가락으로 방향을 제시해주는 길 안내자가 된다.

더러는 '어머니'라는 숭고한 말을 듣기도 한다. 그 말에 응대하면서도 기분이 묘하다. 내게도 자식이 있으니 당연히 어머니가 맞기는 한데 우리 아이들이 아닌 다른 사람에게 그 말을 듣기에는 아직 젊은 것 같다. 이건 혼자만의 착각일까. 연세가 지긋한 분에게 존중과 예를 갖추는 의미로 생각하는 내 기준에 비하면 그렇다. 지혜와 덕망도 부족하고 철없는 행동을 할 때도 있어서 슬쩍 그 호칭을 내려놓고 싶다.

젊음이 그리운 노년기에 들어서면 누군가 나를 어르신이라고 부를 테다. 스위스에서는 빨간 스웨트, 프랑스에서는 제 3세대, 미국에서는 시니어, 일본에서는 숙인이라고 부르는 호칭이 내게 안겨지면 그땐 또 어떤 기분이 들까. 아직도 소녀 같은 마음을 현실로 착각하는지 젊은 호칭만 와닿으니 미래를 짐작할 수 없다. 벌써부터 시계 초침 소리만 들어도 미완성된 그림을 완성으로 끌어올려야 될 것 같은 조급한 마음이 든다. 자신을 부르는 말에 은근히 예민해지는 것을 보면 아름다움을 볼 수 있는 눈이 점점 약해진다는 뜻은 아닐까.

그렇다면 사람들은 호칭을 정해진 대로 불러주면 좋아할까, 아니면 상대가 원하는 대로 불러주면 좋아할까?

옛날에 푸줏간을 하는 박상길이라는 사람이 있었다. 그는 매우 성실했지만 푸줏간을 한다고 해서 깔보는 사람도 많았다. 어느 날 그의 가게에 손님이 들어와서 주문을 했다. 박 서방이라고 부른 사람에게는 고기를 듬뿍 주고 상길이라고 부른 노인에게는 그보다 훨씬 적은 양을 주었다. 노인이 왜 저 사람의 고기는 많고 자기 것은 적은 것이냐고 묻자 하나는 박 서방이 자른 것이고 하나는 상길이가 자른 것이라고 답했다.

박 서방이 자른 고기가 많은 것처럼 나도 새댁이라는 말에 푸성귀를 한 보따리 샀다. 새댁, 얼마나 풋풋하고 예쁜 말인가. 꽃다운 스물여섯에 그 말을 들으며 회사 통근버스가 서는 정류장까지 그를 마중 갔다. 종일 있었던 일을 가만가만 이야기하며 팔짱을 끼고 걸었다. 길모퉁이를 돌아서면 꽃나무에 꽃이 피듯 한 집, 한 집 불이 켜지면서 고단한 저녁을 안고 돌아오던 그 골목길이 환해졌다. 그 길에서 누군가 나를 부르면 그만 얼굴이 빨개지고 가슴까지 붉어지곤 했다.

기분과 맞바꾼 것들로 저녁 식탁이 차려졌다. 참기름과 깨소금을 듬뿍 넣고 나물을 조물조물 무쳤다. 풍성한 식탁이 식욕을

돋운다. 집으로 돌아온 식구들은 식탁 위에 같은 재료로 만든 몇 가지의 반찬을 보고, 또 누군가의 그 어떤 부름에 내 귀가 배시시 웃었다는 것을 대번에 눈치챌 것이다. 꽃이든 사물이든 누군가 불러주어야만 꽃이 되고 하늘도 된다. 마음을 담아 따스하게 불러주는 순간 생기가 돌며 가장 나답게 피어난다.

젊을 때는 내게 오는 것만 눈에 들어오고 나이가 들면 내게서 멀어져 가는 것만 보인다고 했던가. 내게서 멀어졌던 그 소리가, 나를 부르는 그 소리가 왜 그리 달콤하게 들렸을까.

씨앗

이웃에 사는 지인은 말썽꾸러기 아들을 항상 '잘난 놈'이라 불렀다. 그 아이는 멋진 청년으로 자라서 들어가기 어렵다는 대기업에 취직도 했다. 믿음의 눈으로 보면 모든 것이 제자리를 찾게 된다. 말의 힘이란 이렇게 커다란 것일까.

아버지는 억센 경상도 말로 '티미하다'라는 말을 자주 하셨다. 우리 형제들이 실수를 거듭하거나 한 번 일러 말귀를 못 알아들어 반복적으로 말해야 할 때, 물건이 항상 제자리에 있지 않을 때였다. 완벽주의에 가까운 아버지는 성에 차지 않으면 습관처럼 그 말을 하셨다. 같은 말도 여러 번 들으면 싫증이 나는데 하물며 '멍청하고 모자란다.'는 말에 반색할 리 만무하다. 더군다나 나쁜 말은 뿌리가 빨리 내린다고 하지 않던가.

어디에 가서든 늘 뒷자리에 있을 뿐 사람들 앞에 나서지 못했다. 자신 있는 일에도 그 말이 어깨를 눌러 슬며시 주저앉혔다. 나를 드러내는 일은 쉽지 않았다. 사람 많은 곳에서 누가 이름을 불러주었으면 하는 반면에 이름이 불릴까 봐 조마조마했다. 갈수록 내성적이 되었고 자신감마저 결여되었다. 그 말에서 풀려나고 싶었다. 스스로에게 주문을 걸어 '나는 잘할 수 있다, 아니 나는 잘한다.'를 속으로 되뇌었다. 아버지는 우리가 그 말에 깨달음을 얻어 모든 것을 제대로 하라는 뜻으로 사용하셨을 테지만, 내겐 슬픈 언어의 화석으로 남았다.

엄마에게 회초리를 맞을 때도 언니들보다 더 많이 맞았다. 잘못했다거나 울면서 밖으로 도망가지 않았다. 엄마의 손이 멈출 때까지 그 자리에서 꼼짝하지 않았다. 자신과의 싸움이었다. 잘못해서 실컷 맞아주는 것이 자신을 이겨내는 방법이라고 생각했다. 그런 행동이 엄마를 더 화나게 했는지도 모른다. 어떤 상황에서도 흐트러지지 않는 자신의 모습을 갖추고 싶었다.

아버지께서 종아리를 어루만져 주셨다. 말없이 바라보시던 낯빛에서 따스함이 배어났다. 눈이 마주쳤다. 아버지의 어깨에 눈물이 뚝, 뚝 떨어졌다. 아버지는 기침을 두어 번 하고는 자리를 떠나셨다. 뒷귀가 밝으셔서 당신의 마음에 들기 위해 애쓰고 있다는 것을 알고 계셨다. 아버지의 사랑법은 말씀 대신에 주로 머리를 쓰다듬거나 그윽한 눈빛으로 바라보는 것이었다.

무엇이든 오래 쓰지 않으면 퇴화한다. 식물도 잘 자라게 하려면 흙을 갈아주어야 한다. 봄이 될 때까지 두어 번 정도 깊이 갈아주고 계분을 넣어주면 공기가 골고루 스며들어 굳어 있던 흙들이 싱싱하게 되살아난다. 아버지의 묵언다정이 굳어진 흙을 부드럽게 갈아주었다. 내 마음 밭에도 봄이 오고 있다.

길가 화단에 '아름다운 우리 꽃이 자라고 있어요.'라는 푯말이 있다. '출입금지'나 '들어가지 마시오.'와는 느낌이 다르다. 마음이 따뜻해진다. '우리'란 말에 나도 주인이나 마찬가지란 의미가 포함되어 있어서인지 꽃을 보호해주고 싶은 마음이 생긴다. 한 나무에 매달린 잎의 모양은 각각 달라도 같은 가지에 붙어 있다는 그 오묘한 뜻이 사람들의 마음을 움직이게 하는 것 같다. 내 것, 네 것을 따지다가도 '우리'라는 다리가 놓이면 금세 한데 어우러져 모두의 것이 된다. 누군가의 따뜻한 말 한마디에 꽃은 뭇 사람으로부터 사랑받는다. 나 또한 꽃이 무탈하게 잘 자랐으면 하는 바람이다.

말은 창조의 힘과 생명력이 깃들어 있어서 모든 것들을 자라게 하는 데 중요한 역할을 한다. 보는 각도에 따라 세상이 다르게 보이듯이 말 또한 어떻게 하느냐에 따라 마음가짐과 행동이 달라진다. 긍정의 말은 용기를 북돋워 주고 자신감과 자존감을 갖게 한다.

하루가 다르게 만물이 성장하는 봄이다. 농촌 들녘엔 밭갈이가 한창이다. 밭갈이는 새 흙을 돋워 씨앗이 잘 자라게 해준다. 봄은 노랑노랑한 햇살을 타고 갱기질해놓은 밭이랑을 기웃거린다. 밭이랑에 뿌린 긍정의 씨앗이 햇살로 다독여져서 쑥쑥 자랐으면 좋겠다.

미운 오리

가치관 경매를 했다. 청소년 집단 상담 교육 중 자기 가치관의 명료화를 위해 예시된 목록 중에서 가장 가치 있다고 생각하는 것을 사는 것이다. 각자 위폐 백만 원이 주어지며 그 범위 내에서 몰방하거나 나눠서 살 수 있다.

누구나 원하는 행복한 가족, 만족스러운 결혼 생활, 삶의 의미에 대한 이해, 나라의 운명을 좌우할 수 있는 기회, 개인전용의 완벽한 도서실, 진정한 사랑의 관계, 만족스러운 종교적 신앙, 삶을 긍정적으로 볼 수 있는 완전한 자신감, 병 없이 오래 사는 것, 부정과 속임이 없는 세상, 원하는 것을 얻을 수 있는 자유, 일생 동안의 경제적 자유, 전적으로 즐길 수 있는 한 달간의 휴가, 친구의 존경과 사랑, 선택한 직업에서의 성공, 세상에서 가장 매력 있는 사람으로서의 인정받음 등을 놓고 경매에 들어갔다.

난생처음이라 긴장된다. 사람들은 생각보다 적극적이다. 리더의 말이 떨어지기 무섭게 사들인다. 머뭇거리다가 사고 싶은 것을 놓쳐 버렸다. 누구나 원하는 행복한 가족, 개인전용의 완벽한 도서실, 진정한 사랑의 관계를 나눠서 사려고 했다. 이러다가 내게 온 기회마저 잃어버릴까 봐 마음이 조급해졌다. 애가 타면 욕심이 생기는 걸까. 얼른 차선을 택했다.

'선택한 직업에서의 성공'에 올인 했다. 얼떨결이라 놀랍다. 내 안에 이런 내가 있었다니. 낯선 모습이 싫지 않다. 물론 결정에 있어 충동을 배제할 순 없다. 순간의 소중함에 자신 있게 손을 들었다는 것이 중요하다. 기회를 다음으로 떠넘기지 않았다. 목표치든 차선이든 찬스를 잡은 건, 올인 한 건 획기적이다. 살짝 흥분되는 묘한 감정이라니.

기회를 단숨에 잡고, 잘 활용하는 사람들은 얼마나 될까. 어찌 보면 다른 사람들도 나처럼 차선을 택할지 모른다. 가장 중요하다고 느끼는 순간 그것을 잡으려고 보면 이미 저만치 가 버린 상태이기 때문이다. 기회는 매번 오는 것이 아니다. 그렇지만 순간순간 모두가 기회다. 올 때 잡아야 후회하지 않는다.

무엇인가에 올인은 쉬운 것 같지만 어렵다. 적어도 내게는 그렇다. 뿌듯한 자부심에 비해 불안과 위험을 감수해야 하는 양면성을 지니고 있기 때문이다. 어느 쪽으로든 편중을 두지 않고 골고루 분배하자는 쪽이었지만 과감한 올인도 좋다.

새로운 경험 속에서 보이지 않던 자신을 보았다. 가치를 생각해 본 적 없다. 필요성을 못 느꼈다고 변명을 해 보지만 사실이다. 사람의 가치를 물리적인 가격으로 굳이 따진다면 삼천 원에 불과하단다. 터무니없다. 그렇다면 나의 가치는 얼마나 될까. 마인드는 어떻게 표현할까. 시쳇말로 집에서 재테크를 하여 돈 잘 버는 황금 오리도 아니고 능력이 있어 밖에서 돈 잘 벌어 오는 청둥오리도 아니다. 집에서 놀고 있는 집오리도 아니고 흔전만전 써대는 가오리도 아니다. 늘 비상을 꿈꾸며 호수 같은 하늘에 입맞춤할 날을 기다리는, 언젠가는 백조가 될 미운 오리다.

삶은 다분히 보상적이어서 능력의 대가만큼 주고받는다. 우리가 먹고 입고 생활하는 모든 것들이 삶의 부속품이기 때문일까. 가치 기준도 경제력 우선이다. 보는 관점에 따라 다르겠지만,그 의미가 아무리 훌륭해도 물질보다 마음의 가치가 훨씬 아름다워 보일 때가 많다. 나의 가치는 내 몫이다. 모든 감정이 인간의 욕망을 충족시켜 주는 힘이라면 세상에서 가장 가치 있는 것은 그 힘을 발휘하는 자신이다. 각도의 폭을 넓혀본다. 선택한 것에 나의 가치를 부여하여 새벽 바다에서 펄떡거리는 푸른 언어들을 건져 올리고 싶다. 하여 백조가 되고 싶다.

신호

초보 운전자인 그녀가 우리 집에 왔다가 돌아가는 길이었다. 나는 그녀가 주차장에서 차를 잘 뺄 수 있도록 수신호를 했다. 그럼에도 후진을 하던 중 옆에 서 있던 차를 살짝 들이박고 말았다. 당황한 그녀가 차에서 내리더니 어떡해야 되냐며 동동거렸다. 당황하기는 나도 마찬가지였다.

그녀를 뒷자리에 태우고 현장에서 멀찌감치 차를 옮겼다. 책임과 회피가 옥신각신하다 일단 오후에 출근해야 하는 그녀를 집까지 데려다주었다. 그녀는 뒤처리를 내게 부탁했고 나는 차 주인에게 연락해서 만날 테니 걱정 말라고 안심시켰다. 무슨 일 있으면 전화하마 했다.

집에 돌아오니 안절부절 견딜 수가 없었다. 베란다에 붙어 서서 그 차를 내려다봤다. 좀 더 주의 깊게 도와주었더라면 이런 일이 일어나지 않았을 테다. 공범이란 생각을 떨칠 수가 없어 다시 주차장으로 가서 상태를 살폈다. 헌차니까 괜찮겠지? 합리화시킬 눈으로만 보려고 한 것일까. 눈에 띄게 찍힌 것은 분명한데도 얼핏 보면 두드러지지 않은 것 같기도 했다.

입 다물고 만다면 양심을 저버리는 일이다. 같은 아파트에 살면서 앞으로 어떻게 고개를 들고 다닐 건가. 고민 끝에 차에 적혀있는 연락처로 전화를 했다. 차 주인은 나와 같은 동에 살고 있었다. 전후 사정을 말씀드렸다. 그는 다친 아이를 어루만지듯 차를 자세히 들여다보았다. 지켜 주지 못해서 미안하다는 눈빛이었다.

"얼마 전에 누가 심하게 박아서 반대편 문짝을 새로 갈았는데, 이 정도는 괜찮습니다. 조금 들어가긴 했지만 새 차도 아니고 헌찬데요, 뭐."

"아무리 헌차라도 아저씨한테는 소중한 것인데, 정말 죄송합니다."

그는 내 눈을 한참 바라보더니 희미하게 웃었다. 괜찮다는 그의 선한 눈빛을 똑바로 쳐다볼 수 없었다. 조금 전까지의 내 마음을 들킨 것 같아 뜨끔했다. 시치미 떼고 말았더라면 어쩔 뻔했나. 그 짧은 시간이 긴 터널처럼 느껴졌다. 출구가 훤히 보이는

데도 머뭇거렸다. 스스로 불러일으킨 두려움에 혼자 떨었다. 터널을 빠져나오니 답답하고 두려웠던 마음이 사라졌다. 세상이 새삼 환하게 보였다.

진작 말할 걸, 왜 고민했을까. 홀가분해진 마음의 이면을 깊게 들여다보았다. 입장을 바꿔서 내가 그녀의 아파트에 가서 그런 일을 저질렀더라도 차 주인에게 연락하여 사과를 했을까. 내가 사는 곳이 아니라고, 아무도 못 봤을 거라며 그냥 와버리지 않았을까. 이곳은 내가 사는 곳이라 체면과 이목을 생각해서 그런 것은 아닐까. 솔직히 그런 이유도 없지는 않다. 하지만 양심의 소리에 더 귀 기울였다.

내가 초보 운전자였을 때도 비슷한 일이 있었다. 어느 날 밤에 아파트 주차장에서 다른 차를 살짝 스치고 지나갔다. 컴컴해서 잘 보이지 않았다. 늦은 시간이라 아무도 본 사람이 없는 것 같아서 얼른 집으로 올라왔다. 차에는 연락처가 없었다. 그것은 내게 변명할 수 있는 꺼리를 줬다.

범인은 다시 현장에 나타난다고 했던가. 다음 날 아침에 그곳에 가봤지만 차는 없었다. 차 주인은 그 사실을 모르고 그냥 갔거나 흔적이 미미해서 할 수 없다며 체념했을지도 모른다. 그래서 관리소에 연락하지 않았다. 시간이 지날수록 그 일을 말하기는 더 어려웠고 점점 비겁해졌다.

그런 순간들이 접촉 사고에만 있는 게 아니다. 해야 할 말을 남의 비위를 건드리는 게 싫어서 말하지 않을 때, 숨어서는 할 말 안 할 말 다 하면서 정작 앞에 나서서는 한마디도 못 하고 잠자코 있을 때, 부와 권력 앞에 머리 조아리기 좋아하며 안전한 자리에서 위세를 부릴 때처럼 사람은 적당히 비겁해지기도 한다.

죄를 짓고 나니 하늘만 무서운 게 아니었다. 사방으로 밀려드는 모든 것이 나를 옥죄어왔다. 결국 차 주인을 찾지 못해서 슬쩍 넘어가고 말았다. 그 침묵은 손에 만져질 듯한 실체로 끊임없이 내 양심에 정직을 강요했다. 때를 놓치면 다시 오기를 기다려야 한다. 반드시 온다는 보장도 없다. 다시는 놓치고 싶지 않다.

시간이 정지된 풍경 속에 잠시 서 있었다. 그 정지됨은 때늦은 사과와 함께 마음속에 돋아난 쓸데없는 곁가지들을 쳐내고 자유로운 상태로 돌아오라는 신호였다. 침묵의 껍질을 벗고 나니 시간의 흐름이 느껴진다. 수액이 천천히 나무를 타고 올라오는 소리가 들린다.

팔랑귀 수리 중

저수지 둑길에 달맞이꽃이 한창이다. 저녁마다 눈인사를 나누며 오늘은 기다리던 왕자님을 만났냐고 물어본다. 달맞이꽃이 노랗게 웃으며 고개를 까딱거리는 것 같다. 나도 따라 웃으며 모퉁이를 돌아서는데 누군가 달맞이꽃을 따고 있다. 많은 사람들이 볼 수 있도록 놔두지 않고 함부로 따 버리는 그들을 못마땅한 눈으로 쳐다봤다. 무엇을 하려는 걸까. 어디에 좋다는 말을 들은 걸까. 혹시 그들도 나처럼 귀가 얇은 것은 아닐까.

지난봄 지인이 봉지 하나를 내밀었다. 산에서 피는 돌복숭아꽃이었다. 그것으로 전을 부쳐 먹으면 장 청소뿐만 아니라 아랫배가 쏙 들어간단다. 솔깃해진 내가 위험한 건 아니냐고 묻자 괜찮다고 했다.

복숭아꽃전을 부쳤다. 노릇노릇해지는 과정을 지켜보면서 아랫배가 조금씩 들어가며 날씬해지는 모습을 상상했다. 평소에 못 입어보던 옷을 마음대로 골라 입는다. 다소 볼륨이 부족하긴 해도 뭐, 이 정도라면 괜찮다. 몸매가 드러나는 옷을 입기 위해서 전날 저녁과 아침을 굶지 않아도 된다. 숨을 몰아쉬며 불편하게 앉아 있거나 배에서 꼬르륵 소리가 나도 배부르다며 내숭 떨 필요 없다. 살면서 약간의 긴장이 필요하다지만, 그것은 그 이상의 것이 아니라 내가 기꺼이 자초하는 긴장이다. 거기서 벗어날 수 있다니, 아! 얼마나 자유로울 것인가. 금방이라도 하늘을 날아오를 수 있을 것 같은 착각에 빠져있을 때 전 타는 냄새가 났다. 긴 꼬리가 나뭇가지에 걸려 주춤하듯 정신이 번쩍 들었다.

볼그스름한 꽃전을 마주하고 앉았다. 무슨 기원제를 지내기라도 하듯 경건한 마음으로 심호흡을 했다. 정말 효과가 있을까. 혹시 잘못되는 건 아니겠지. 궁금하면서도 떨린다. 꽃전 한 조각을 입에 넣었다. 몇 번을 씹지도 않았는데 온통 쓴맛뿐이다. 꽃전이 아니라 독약전 같다. 목에서 자꾸 쓴 물이 올라왔다. 몸이 쩔쩔 흔들렸다. 배가 아프기 시작하더니 뒤틀리기까지 했다. 그럼에도 '참아야 한다.'를 주문처럼 외우며 계속 물을 들이마셨다. 배를 움켜쥐고 밤새 화장실을 들락거렸다. 통증을 참으며 생고생을 하고 있는 자신이 한심했다. 아프지도 않는 다리에

침을 주는 것 같아 허탈했다.

곱디고운 복숭아꽃이 대단해 보였다. 분홍 꽃잎 그 어디에 그런 무서운 힘이 숨어 있었을까. 여린 꽃잎은 몸이 떨릴 만큼 쓴 맛을 자아냈다. 열매를 맺어야 하는 자신을 보호하기 위해서는 아닐까. 진달래꽃도 화전을 부쳐 먹지만 열매를 맺지 않기 때문인지 쓴맛은 나지 않는다. 짐승들도 자기 새끼를 건드리면 무섭게 달려들어 할퀴거나 잡아먹는다. 무지한 사람들은 꽃이 내리는 벌을 효과라 하는 걸까. 꽃이 몸을 빌려 하혈하는 것인 줄도 모르고 뻔뻔하게도 무슨 기대를 하는 것일까. 이미 엎질러진 물은 다시 주워 담을 수 없다. 누구나 자기 편한 대로 해석하기 나름이지만 마음이 복잡했다. 다시는 이런 것에 현혹되지 말아야 할 텐데, 내 팔랑귀가 원망스러웠다.

저수지 둑길을 걸으며 하루를 마무리한다. 이 길에는 날이 어둑해지면 좌판이 벌어진다. 할머니들은 텃밭에서 뜯어온 상추며 깻잎과 부추를 담아놓은 소쿠리를 여러 개씩 놓고 앉아 저녁 시간을 보낸다. 오늘 못 팔면 내일, 아니면 덤으로 다 줘 버릴 것 같다. 호박 두 개를 놓고 졸고 계시는 분, 바닥에 누워 주무시는 분도 있다. 지나가는 사람들에게 호박잎 묶음을 너풀너풀 흔들어 보이기도 한다. 그 모습을 보면서 잠시 여유를 가져본다.

혼자 걷는다는 것은 자신과의 대화를 나누는 시간이다. 내 삶의 길 위로 자꾸 덧 자라는 욕심과 사소하게 올라오는 감정들, 그리고 팔랑거리는 내 귀에 흔들리지 않는 중심을 만드는 중이다.

궁지로 몰다

또 시작이다. 내가 운전석에만 앉으면 그는 잔소리로 시동을 건다. 불국사를 지은 김대성이 손바닥에 '대성'이라는 글자가 쓰인 금붙이를 쥐고 태어났다던가. 그도 날 때부터 경찰청장의 직인이 찍힌 '운전면허증'을 쥐고 나온 사람처럼 군다.

나는 장롱면허 10년, 실제 경력 3개월째인 초보 운전자다. 운전에 슬슬 재미가 붙기 시작했다. 늦게 배운 도둑이 날 새는 줄 모른다더니 자동차 열쇠만 보면 들고 나가고 싶다. 그도 자꾸 해보라며 나를 부추기니 한층 더 자신감이 생겼다.

그와 함께 외출해서 돌아오는 길이었다. 주차장에 세워두었던 차를 몰고 도로로 나왔다. 차선을 변경하기 위해 좌측 깜빡이를 넣고 차를 들이대는 순간 눈앞으로 자동차 한 대가 휙 지나갔다. 급브레이크를 밟았지만 앞차의 꽁무니를 스치며 내 자동차는 그대로 멈췄다. 당황하며 내리는 등에 대고 그가 말했다.

"무조건 보상해 준다고 해!"

도로 한가운데 정지해 있는 내 차 뒤로 죽 늘어선 차들이 빵빵거리며 난리가 났다. 우선 차를 바깥으로 옮기고 얘기하자며 도로변으로 옮겼다. 밀려있던 차들은 막혀 있던 하수구 구멍이 뚫린 듯 한꺼번에 확 빠져나갔다. 마음 같아서는 저들처럼 속 시원하게 이 자리를 떠나고 싶었다. 그 마음을 아는지 모르는지 그는 차 안에서 꼼짝도 하지 않고 앉아서 정면에다 눈길을 박고 있었다.

상대방에게 미안하다며 전화번호를 적어 주었다. 차를 고치고 연락하면 무조건 보상해 주겠다고 약속했다. 다행히 차는 조금 긁히는 정도였다. 상대방은 초보 때는 다 그렇다고 나를 위로하면서도, 신랑이 깐깐하겠는데 집에 가서 괜찮겠냐며 오히려 나를 걱정했다. 순간 부끄럽기도 하고 짜증스러운 가운데 얼굴을 들 수가 없었다.

내가 얼마나 안쓰러워 보였으면 그런 말을 했을까. 같이 내려서 집사람이 아직 초보라서 미처 보지 못했을 것이라는 말 한마디라도 해주면 얼마나 좋을까. 그리하면 상대방도 그를 깐깐하게 보지 않을 것이며 멋진 남편을 뒀다고 속으로 부러워하지 않았을까. 나 또한 얼마나 든든하게 느낄 것인가. 말은 하지 않아도 '내 남편은 이런 사람이에요.'라며 저절로 어깨가 으쓱하지 않겠는가. 청심환까지는 바라지도 않는다. 인정머리라고는 눈곱만큼도 없는 사람이었나 싶은 의문까지 들었다. 접촉 사고보다 더 고까운 그의 행동이 자꾸만 곱씹어졌다.

그가 핸들을 잡았다. 이럴 땐 치사하고 더러워서 옆에 타고 싶지 않다. 속상한 마음을 꾹꾹 누르며 앞만 보고 인도로 걸어갔다. 그가 슬금슬금 차를 타고 와서 창문을 내렸다.

"어이, 타!"

못 들은 척했다. 그의 얼굴을 쳐다보고 싶지 않았다. 걸어갔으며 걸어갔지 타고 싶지도 않았다.

"안 탈 거야?"

언짢은 가운데 자꾸 묻는 바람에 못 이기는 척하고 하릴없이 그의 옆에 앉았다.

집에 와서도 세찬 소나기는 계속되었다. 안 그래도 벌벌 떨리는데 가슴은 젖고 또 젖어서 물에 빠진 생쥐 꼴이 되었다.

"운전이 앞으로 갈 줄만 알면 다 되는 건 줄 알아? 뒤에 차가 오는지 안 오는지 확인도 않고 덤벼들어? 판단력이 그렇게 없어? 처음부터 확실하게 잘 배워야지."

"…"

"사고 낼 일도 아닌데 가서 들이박긴 왜 들이박아?"

"?!"

결정적인 한마디로 내 가슴을 쳤다. 어쩜 저럴 수가 있을까. '자기는 한 번도 사고 낸 적 없나. 운전 좀 한다고 잘난 척하기는. 그래, 눈에 보이는 게 있어야 판단력도 생기지.' 그가 듣거나 말거나 혼자 궁시렁 댔다. 아직 사이드미러가 눈에 들어오지 않는 건 사실이다. 실력이 부족해서 그런 걸 어쩔 수 있겠는가. 그러나 쥐도 도망갈 구멍을 보고 쫓는다지 않던가. 놀란 가슴 진정시킬 여유도 없이 자꾸 몰아 부치는 바람에 참았던 서러움이 폭발하고 말았다.

눈 깜짝할 사이에 도색비 몇십만 원이 날아갔다. 쪼잔하게도 내 운전 실력이 형편없다고 나무라면서도 어쩜 그깟 돈이 아까웠는지도 모른다. 얼마나 놀랐냐며 위로는커녕 날 궁지로 몰아넣는 그가 한없이 작아 보였다.

만다라

평소에 관심 있던 미술심리치료를 배우게 되었다. 주로 만다라 문양을 이용하는 작업이었다. 그 시간을 통해 무의식중의 나를 조금씩 들여다보았다. 자신을 잘 아는 것 같지만 모를 때가 더 많다. 빨강, 파랑인가 싶다가도 때론 보라 같기도 하다.

만다라는 "본질을 소유한 것이라는 의미로 인도 밀교에서는 깨달음의 경지를 도형화한 것으로 일컫는다. 중심과 본질을 얻는 것, 마음속에 참됨을 갖추고 있거나 본질을 원만히 하는 것이라 할 수 있다. 개인의 정신을 집중함으로써 내면의 질서를 생성시키고 내면의 자신에게 의미를 부여하는 명상 도구로 알려져 있다. 이것을 통해 자신의 중심을 발견하게 되며 남들과 구별되는 고유한 자신을 찾을 수 있다." 「두산백과」, 네이버 「지식백과」 참고 무의식의 갈등을 의식 세계로 투사하여 객관화함으로써 작업 자체만으로도 심리 치료적 효과가 있다.

만다라는 문양에 색칠하는 작업이다. 칠해진 색에 따라 그 사람의 개성과 심리 상태가 나타난다. 일차색과 이차색은 특정한 정신적, 심리적 의미를 지니고 있다. 작업하는 사람의 그 당시 기분과 정신 상태가 드러나며 현재나 과거의 문제와 연관된 감정을 나타낸다.

작업한 것 중에 가장 기억에 남는 것은 삶의 주제가 주어진 문양이다. 거기다가 '나무'라는 제목을 붙였다. 나무는 성장 과정이 사람과 비슷하여 나와 동일화됨과 동시에 카타르시스를 느끼게 한다. 원형 안의 그림이 땅속에 얽혀 있는 뿌리처럼 보여서 빨간색으로 칠했다. 뜨거운 열정을 쏟아부어 아름드리나무로 키워서 울창한 숲을 만들고 싶은 마음이다.

멀리서 보니 여러 그림 중에 내 그림이 유독 눈에 띈다. 선생님이 한참 들여다보시더니 빨간색이 힘이 있어 보이고 강해 보이는 반면 슬픔과 처절한 아픔도 느껴진다고 했다. 여러 가지 색 중에서 가장 많이 사용한 것은 빨강과 연노랑, 초록과 분홍색이다. 그림과 제목에 따라 색깔의 해석은 다를 수 있지만 공통적으로 나타난 것은 예민함과 억압이다. 한마디로 말하기는 어렵지만 내면에 많은 에너지를 갖고 있어도 자신의 감정을 억압하는 편이라 했다.

표현에 인색한 편이라 순간의 감정을 잘 드러내지 않는다. 내성적이고 예민하여 사소한 말 한마디에도 상처를 받는다. 소리 내어 펑펑 울어본 일도 드물다. 내 몸이 물로 가득 차 더 이상 담을 수 없을 때까지 꾹꾹 누르는 게 표현의 전부다. 매슬로의 욕구계층설에 의하면 자기존중의 욕구가 부족하면 이런 현상이 일어난다고 한다. 그러면서 감각에 순응하게 된단다. 별 탈 없이 살아가기 위해서는 따를 필요는 있지만, 기본적으로 순응이 일어나지 않는 감각이 통각이다. 억압은 통각으로 인해 나타난다.

누군가 초록색만 보면 아주 민감한 반응을 일으켰다. 그 무의식의 통로를 따라가 보았더니 어릴 때 아버지의 서재가 보였다. 거기서 심하게 야단을 맞았는데 그때 보았던 아버지의 의자가 초록색이었다. 그 색만 보면 숨이 막힐 것 같던 기억이 되살아났다. 그렇게 잠재된 억압을 끌어내어 풀어주면 자신을 이해하는 데 도움이 되며 삶에 에너지를 얻게 된다.

내 마음의 날씨는 변화가 드물다. 변화 없는 날씨가 억압의 원인인지도 모른다. 만다라 작업은 먹구름을 걷어내는 것이다. 걷어내고 나면 내면에 있는 무궁무진한 에너지를 얻을 수 있다. 억압의 덩어리를 풀 수 있는 것은 자신의 마음에 달렸다. 변화를 주기 위해 만다라를 따라나선다. 가만히 엎드려 있던 새들이 날아오르는 기척을 듣는다.

꿈을 찍는 사진관

얼마 만일까. 여기, 음지 마을에 온다는 생각에 어젯밤에 한숨도 못 잤어. 아련해진 기억 속으로 걸어가는 기분이 마치 첫사랑을 만나러 가는 설렘 같아. 기억이 흐려지기도 했지만 너무 변해버려서 어디가 어딘지 모르겠어. 그나마 예전 우리 할머니가 살았던 집이 빈집으로나마 남아있어서 다행이야. 거미줄이 처져있는 창문을 들여다보며 저 방에서 먹고 자고 뒹굴었다고 생각하니 가슴이 뭉클해진다.

엄마의 짐을 조금이나마 덜어준다는 이유였을까. 우리 집은 형제가 많아서 학교에 들어가기 전에 시골 할머니 집에 가서 한두 해씩 살다가 집으로 돌아왔어. 나 역시 할머니 집에 보내졌고 이곳에서 일곱 살을 보냈지. 산마을 아이들은 나를 도시 아이라고 잘 챙겨줬어. 그래 봐야 여기서 버스로 두어 시간만 가면 되는 곳이지만 학교도 크고 교회도 극장도 있는 도시라고 부러워했어.

사방으로 깔린 게 볼거리고 호기심 거리였지. 지천으로 널린 꽃으로 반지며 목걸이를 만들어 주렁주렁 걸고도 싫지 않았어. 새침데기인 나는 고맙다거나 예쁘다는 말 대신 말없이 아이들과 어울려 다니면서 서서히 그들의 동심원으로 들어갔단다.

모내기와 가을걷이가 끝나면 마을 잔치를 했잖아. 양지마을과 음지마을 사람들이 한곳에 모여 감자떡을 만들고 막걸리를 빚었지. 커다란 홍두깨로 밀가루 반죽을 밀어서 국수를 만들면 꼬랑지를 얻어먹으려고 고개를 죽 빼고 기다렸단다. 그 꼬맹이들 틈에 나도 끼어있었어. 겨우 한 조각씩 얻어먹고도 신이 나서 꼬챙이를 하나씩 들고 몸에 단내가 나도록 반딧불을 쫓아다녔어. 다른 날 보다 더 환하게 마을을 비추던 달도 우리를 따라다니며 돌아갈 생각을 하지 않았지. 사람들의 웃음소리가 달빛에 섞여 마을을 흘러넘치곤 했어.

멱을 감은 후, 자그마한 돌멩이를 주워 귀에 대면 귀속에 들어간 물이 쪼르르 흘러나왔지. 햇볕에 달궈진 돌방에 누우면 따뜻함이 온몸으로 퍼져 스르르 눈이 감겼어. 바람이 물을 건너와 달콤한 오수에 빠진 우리를 스쳐 갔어. 그러다가도 구름이 해를 가려 어두워지면 나는 무서워서 너의 등 뒤로 바짝 다가갔어. 아무렇지도 않은 듯 태연하게 앉아 있는 네가 참 든든하게 느껴지더라. 왠지 내 편이 된 것 같고 믿음직한 보루가 생긴 기분이었어. 웃지도 않고 그저 아이들과 놀기만 하던 네 얼굴엔 늘 산 그림자 같은 게 드리워져 있었던 것 같아.

오늘에서야 네 얼굴에 서렸던 그늘에 대해 알게 되었단다. 네가 그때 어떤 처지에 놓여있었는지, 이 마을 어르신을 통해 듣게 되었어. 넌 하필이면 이 동네에서 별나기로 소문난 감나무 집에 양자로 들어왔던 거야. 지적장애인 아들의 짝으로 소아마비를 앓은 며느리를 보았지만 자식이 생기지 않았어. 네 할머니가 가난한 집 아이를 양자로 들였는데, 그게 바로 너였다더군. 손자를 들이고 보니 또 다른 걱정이 생긴 거지. 피 한 방울 섞이지 않은 손자가 성장하여 그 많은 재산을 혼자 다 차지하고 도망갈까 봐 걱정이 되었던 거야. 그걸 미리 막기 위해서는 무슨 방법이든 써야 했겠지.

그래서 네게 온갖 학대를 했고 심지어 바지를 벗겨서 감나무에 묶어 놓고 차마 입에 담을 수 없을 정도의 모진 행동도 서슴지 않았다고 해. 참다못해 자지러지는 네 목소리가 담을 넘어갔고 동네 사람들이 달려와 말렸지만 네 할머니는 막무가내였대.

오히려 자기 손자가 말을 안 들어서 혼내는 것이니 신경 쓰지 말라고 했던 거야. 얼마 후, 네 엄마가 가끔씩 찾아오는 소금 장수의 꼬임에 넘어가 집을 나가버리자 너도 집을 나가버렸다고 했어. 안타깝게도 아직까지 네 소식은 아무도 모른다고 하더라.

가슴이 먹먹하고 귀가 멍해서 더 이상 아무 소리도 들리지 않았어. 어르신이 도대체 무슨 소리를 하시는 건지 믿어지지 않았거든. 사람으로서 도저히 할 짓이 아니잖아, 그건. 어떻게 그런 짓을 하고도 하늘을 보고 살았을까. 독한 네 할머니가 무섭고 잔인해서 치가 떨리더라. 넌 도망가기를 잘했어. 어쩜 그때 집을 나가지 않았다면 아마도 넌 미쳐버렸을지도 모르잖아. 그런 끔찍한 생각은 하고 싶지 않아. 착한 네가 더 이상 망가지는 건 슬픈 일이니까. 옛날이야기가 되어버렸는데도 눈앞이 흐려지네.

내가 만날 들고 다니던 『꿈을 찍는 사진관』이란 동화책, 기억하니? 파란 잉크로 자신이 만나고 싶은 사람과의 추억 한 토막을 써서 가슴속에 넣고 자면 꿈을 꾸게 되고 다음 날 꿈과 똑같은 사진을 받아볼 수 있다고 했잖아. 그때 넌 무슨 꿈을 꾸었을까. 그곳을 벗어나고 싶은 갈망을 품고 있었을까. 떠나가는 상상을 수도 없이 했을까. 아무튼 이곳에 네가 있을 거라는 생각은 안 했지만 없는 게 천만다행이야. 아직 여기에 있다면 온전하지 못한 사람으로 있을 게 뻔한 일이니까. 너는 이곳만 떠올리면 몸서리가 처질지 모르지만, 난 늘 가슴 한편에 두고 있었어. 언젠가 꼭 와보고 싶었거든.

네가 살던 집은 온데간데없고 무성한 잡초만 반기고 있네. 풀꽃시계를 손목에 차고 좋아서 들판을 빙글빙글 돌던 게 생각나. 그때 네 얼굴에서 엷은 웃음이 번지고 있었지. 웃는 모습을 본 건 아마도 그때가 처음이었을 거야.

강물은 흘러 어디로 갔을까. 나의 보루는 어디로 사라졌을까. 우린 서로에게 익명이 되어버렸을지도 몰라. 터무니없는 말 같지만 오늘 밤엔 동화 속으로 들어가 '꿈을 찍는 사진관'을 찾아가볼까?* 그럼 너를 만날 수 있을까?

* 동화 『꿈을 찍는 사진관』에서 차용

손을 흔들고 서 있는
사이드미러 속 어머님의 모습은 점점 작아졌습니다.
된장에 무르게 무친 나물 밥상은커녕 따뜻한 말 한마디
못하고 온 것이 마음에 걸렸습니다.
도로 위에 홀로 서 있는 등 굽은 나무 한 그루가
자꾸만 눈에 밟혔습니다.

/ 4부 /

시간을 거슬러 올라갈 수 있다면 얼마나 좋을까.

곰국

아침에 사골 국물을 고아 놓았으니 가져가라고 전화를 하셨지요. 오늘은 바빠서 안 되니 다음 날 가겠다고 하자 "그럼 다시 한번 더 고아놓아야겠다."고 하셨습니다. 어머님의 목소리엔 금방 힘이 빠졌습니다. 수업 내내 그 생각에 교수님의 강의가 제 귀를 겉돌았습니다.

생각하다 못해 수업이 끝나자마자 서둘러 찾아뵈었지요. 어머님은 따가운 햇살을 등지고 앉아 밭에서 고구마를 캐고 계셨습니다. 외로운 가을도 함께 캐고 계셨습니다. "볕 뜨거운데 뭣하러 여기까지 올라 왔노? 가자, 내려가자." 제 손을 덥석 잡으시고는 마른 흙먼지를 훌훌 털어내며 등을 떠밀다시피 저를 데리고 내려오셨지요. 그때 제 손안으로 뜨거운 어머님의 온기가 스며들었습니다. 이마에는 땀방울이 흐르고 눈가에 번지는 촉촉

한 물기를 보았습니다. 왠지 마음이 아팠습니다.

마루에 앉을 시간도 없이 애들이 학교에서 돌아오기 전에 얼른 가라고 하셨습니다. 그 짧은 시간에도 어제 종일 장작불을 때서 고은 곰국과 알밤 그리고 갓 캔 고구마와 도토리묵을 차에 실어주셨지요. 어머님의 외로운 배웅을 뒤로한 채 대문을 나섰습니다. 자동차는 동구 밖을 벗어나고, 손을 흔들고 서 있는 사이드미러 속 어머님의 모습은 점점 작아졌습니다. 된장에 무르게 무친 나물 밥상은커녕 따뜻한 말 한마디 못하고 온 것이 마음에 걸렸습니다. 도로 위에 홀로 서 있는 등 굽은 나무 한 그루가 자꾸만 눈에 밟혔습니다.

그런데 어머님! 제가 급브레이크를 밟는 바람에 그만 곰국이 다 쏟아져버렸습니다. 하늘이 무너져 내리는 것 같았습니다. 머릿속이 하얘지면서 팔다리가 떨려 아무것도 할 수 없었습니다. 빈 곰국 통과 함께 돌아올 수밖에 없었습니다.

도저히 집으로 갈 수가 없어서 직지사로 올라왔습니다. 경내를 혼자 돌면서 많은 생각을 했습니다. 작은 연못엔 오롯하게 내려앉은 단풍잎이 고즈넉한 가을 속으로 소리 없이 걷고 있었지요. 국화차를 마시던 찻집 창가에는 무말랭이가 소쿠리에 가지런히 담겨져 있었습니다. 여태 하나에서 열까지 다 챙겨주셔도 원래 그러려니 했던 제가 얼마나 부끄러웠는지 모릅니다. 곰국을 엎지르고 나니 너무 아깝고 죄송한 생각이 들었습니다. 은근한 불에 천천히 사골을 고면 진하게 국물이 우러나오고 남은 뼈엔 구멍이 숭숭 드러나는 모습이 꼭 어머님의 모습을 보는 것 같았습니다. 어머님의 진기를 저와 아범 그리고 아이들까지 모두 받았다는 생각에 저도 모르게 눈물이 났습니다. 어머님은 정말 사랑이었습니다.

돌이켜보면 참 많은 일들이 생각납니다. 저희가 결혼할 때 동성동본이어서 양가의 반대가 이만저만이 아니었지요. 주변 사람들은 비웃기까지 했습니다. 그런 어려움을 넘어서며 한 결혼이었기에 무엇보다도 소중했습니다. 딸 이상으로 사랑해주시고 예뻐해 주신 어머님과 아버님이 계셔서 더없이 행복할 수가 있었습니다.

외며느리라 고달플 때도 있었지만 행복할 때가 더 많았습니다. 아버님께서 제가 첫 아이를 가졌을 때 먹고 싶은 것이 뭐냐고 물으시더니 자전거를 타고 오셔서 자장면을 사주셨습니다. 낮잠에서 깰까 봐 소리 죽여 부엌으로 가셔서 손수 점심상을 차려 드셨지요. 저와 눈이 마주쳐 겸연쩍어하시던 모습도 눈에 선합니다. 저의 헤진 신발을 보고 어머님께 애미 신발 하나 사 주시라던 다정한 목소리가 아직도 생생합니다. 어머님이 화가 났으니 오늘은 조심하라며 제게 귀띔해주시던 아버님의 목소리에 눈물이 핑 돌았습니다. 든든한 성채가 생겼다는 사실 하나만으로도 너무 행복했습니다.

어머님께서는 들에 가면 햇볕에 제 얼굴이 탈까 봐 손수 모자와 수건을 씌어주셨지요. 생일날 외식이라도 하라며 만 원짜리 몇 장을 슬며시 손에 쥐어주시며 눈을 껌벅이셨습니다. 장대비 맞으면서도 푸성귀를 한 아름 안고 대문을 들어오시며 함박웃음 지으시던 어머님의 젖은 모습도 잊을 수 없습니다.

언젠가 어머님이 밤 삶은 것을 까 주셨지요. 대뜸 녀석이 할머니 손이 더럽다고 안 먹는다고 했습니다. 어머님께서는 깨끗이 씻었다며 당황해하셨습니다. 철부지 손자의 말에 혹여 상처받지 않으실까 걱정스러웠습니다. 교육을 잘못 시킨 탓이라는 생각이 들어서 어머님 손끝에 배인 풀물을 제 가슴에 문질러서 깨끗이 지워드리고 싶었습니다. 그 풀물이 우리 식탁 위에 올라오는 기름진 밥이요, 맛있는 반찬이요, 가족들 몸속에 흐르고 있는 뜨거운 사랑이라는 것을 녀석은 철부지라 몰라서 그랬을 것입니다.

그러고 보니 제가 시집온 지도 벌써 열여덟 해가 되었습니다.

해마다 아름다운 계절은 다시 돌아옵니다. 계절마다 어머님이 보내주신 반찬과 과일을 먹으면서 저도 모르게 조금씩 성장한 것 같습니다. 결혼을 하고 아이를 낳으면 무조건 어른이 되고 부모가 되는 줄 알았지요. 부모의 마음이 어떤 것이며 그 사랑도 인지하지 못한 채 철없이 받아먹기만 했습니다. 줘도, 줘도 모자라는 그 무한한 사랑이 진한 곰국이 되어 가슴으로 스며들었습니다.

오늘 쏟아버린 곰국이 어머님의 사랑을 깨닫게 해주었습니다. 단순하고 맛있게 먹은 것보다 더 값진 깨달음이 되었지요. 아침저녁으로 제법 쌀쌀한 기운이 맴돕니다. 또 기름 아낀다고 보일러를 꺼 놓고 계실 생각을 하니 마음이 아려옵니다. 따뜻하게 지내세요. 어머님, 사랑합니다!

우물 속 사람들

먼 길 떠나신 엄마를 배웅하고 돌아오는 길이다. 집으로 돌아가야 하는데도 헛헛한 마음은 몸을 끌고 어디론가 가고 있다. 걸음이 옮겨진 곳은 어릴 때 살던 동네 입구다. 엄마는 큰길까지 마중 나와 딸아이를 기다렸다. 귀가가 늦은 날은 서슬 퍼런 눈빛에 눌려 내 그림자가 엄마에게 밟히지 않을 만큼의 거리를 유지하면서 골목길을 따라 걸었다. 삼이웃을 넘나들던 동네 사람들의 목소리는 이제 모두 사라지고 없다.

골목 입구에 살던 키다리 할아버지는 부엉이처럼 눈이 부리부리했다. 거기다가 꽃꽃한 흰 수염은 반상의 품위가 흘러넘쳤다. 모시적삼을 입고 외출하시는 날엔 기침으로 목청을 가다듬으며 파란 대문을 나섰다. 학교를 파하고 오던 길에 교복을 입은 나와 눈이 마주칠 때도 흠, 흠 거렸다. 고희에 재혼한 키다리 할아버지가 아침마다 냉수마찰을 한다는 소문이 자자했다. 달달한 사랑은 나이 불문이라고 하지 않던가.

팥죽아줌마는 오일장이 서는 날마다 싸전 앞에서 장사를 했다. 쪽진 머리에 입이 오목하여 동화책에 나오는 할머니와 비슷했다. 장날 전날이면 밤새도록 새알심을 비볐고 여름이면 우뭇가사리를 콩국물에 말아서 팔았다. 얼음을 동동 띄운 감주는 골이 찡하면서도 시원하고 달콤했다. 엄마 따라 장에 간 날은 어김없이 그곳에 들렀다. 시원한 콩국물 한 대접 먹고 나면 더위 따위는 저 멀리 달아나버렸다. 덤으로 준 뜨거운 팥죽 한 그릇은 한여름에 먹는 별미였다. 앉아 있기만 해서일까. 장사를 그만두고 걸음을 잘 걷지 못했다. 집안에서 문 크기만큼으로 보는 세상이 답답했는지 넓은 하늘나라로 가버렸다.

어느 문중 산지기 아저씨는 동네에서 가장 무서운 사람이었다. 새까만 얼굴에 날카로운 인상이 보태져서 사람들은 가까이 하기를 꺼려했다. 농사일을 억척스럽게 했다. 밭에 쟁기질을 할 때도 작고 깡마른 몸이 소에게 끌려가지 않도록 요령껏 잘 다루었다. 까막눈이던 그는 일본에 사는 친척이 편지를 보내오면 아버지한테로 가져왔다. 아버지가 내용을 읽어주고 그가 부르는 대로 답장도 써 주었다. 얼굴에 기름 빠진다며 세수도 며칠에 한 번씩 할 정도로 인색했지만 그날만큼은 농사지은 것을 가지고 와서 세상에 공짜란 없는 것이라며 기어이 두고 갔다. 자린고비에다 못됐다고 소문난 사람이었지만 공사가 분명했다. 딸을 내리 넷을 낳고 막둥이 아들을 얻었다. 얼마나 좋았으면 대문에 붉은 고추를 끼운 금줄을 치면서 찢어진 눈이 웃음에 파묻혀 보이지 않았다.

군부대 다니던 부사관 박 씨는 재혼하여 철길 너머 동네로 분가했다. 주말이면 부모님께 맡기고 간 전처의 딸을 보러 왔다가 해 질 무렵 집으로 돌아갔다. 그 딸은 친구들을 데리고 새엄마 집으로 놀러 갔다. 전처의 자식을 바라보는 젊은 새엄마의 눈빛은 건조했다. 안아주거나 손을 잡아주지도 않았다. 군부대에서 나오는 비스킷을 그 딸의 주머니에 가득 넣어주고는 집으로 가면서 먹으라고만 했다. 비스킷보다 새엄마의 치맛자락을 붙들고 서 있는 어린 이복동생들을 보며 부러움이 두 눈에 안개처럼 피어올랐다. 비스킷을 만지작거릴 때마다 사각거리는 소리와 함께 쓸쓸한 마음이 빠져나갔다.

어느 날, 갑자기 부사관 박 씨가 죽었다. 허리가 아프다는 말을 듣고 그의 어머니가 구해준 뱀술을 먹고 난 후였다. 새엄마는 이복동생 셋을 껴안고 바닥에 주저앉아 통곡했다. 그의 장

례식 날, 햇살은 꽃상여 위로 내려와 남은 자의 슬픔과 함께 출렁거렸다. 요령잡이의 구성진 노랫소리는 동네를 울리다가 산으로 가버렸다. 박 씨의 푸른 제복은 손이 베일 듯 각이 서 있었다. 얼굴에 웃음기가 돌 때면 은니가 햇볕에 반짝반짝 거렸다.

출생부터 지금까지의 나를 기억해주던 사람들이 모두 떠나고 있다. 내가 어떤 생각과 행동을 할지, 뼛속까지 훤히 다 들여다보던 엄마도 떠나버렸다. 돌아가실 때까지 사람에 관한 기억이 자유로워져서 자식들마저도 알아보지 못했다. 엄마는 그 옛날 우물 공사를 나누던 그때처럼 오랜만에 동네 사람들을 만나면 반가운 목소리를 낼 수 있을지 모르겠다.

누구한테든 먼저 말을 건넨 적이 없었다. 묻는 말에만 대답하던 새치름한 나를 예뻐해 주고 묵묵히 지켜봐 주던 그 사람들이 있어 참으로 따스했다. 집집마다 수도가 놓이기 전까지는 한 우물물을 먹고 살아서인지 모두 한 식구 같았다. 바람이 불면 처마 밑에 달려있던 무시래기가 풍경처럼 서걱거렸다. 토담은 그 소리를 껴안고 고요히 서 있었다. 우물에는 잡풀들만 무성해서 그 안을 들여다보던 어릴 때의 모습은 찾아볼 수 없다. 나를 자라게 해준 우물 속 그 사람들도 사라져버렸다. 뒤돌아보면 아무것도 없는데 내딛는 걸음이 돌부리에 걸리듯 자꾸 감긴다. 버드나무에 앉았던 바람이 동네를 몇 바퀴째 돌고 있다. 건초 냄새가 나는 오래된 기억이 바스락거리고 있다.

밤길

어둠 속으로 한 남자가 걸어가고 있다. 인적이 드문 곳이라 혼자 길을 가기에 무섭던 차에 앞서가는 그 남자를 보는 순간 구세주를 만난 듯 반가웠다. 통성명을 하지 않아서 이름은 모르지만 조금 전에 한 강의실에서 같이 수업을 들었던 사람 같다. 뒷모습만 보고 종종걸음치는데도 따라잡을 수가 없다. 그가 축지법을 쓰는 것도 아닐 텐데 내 시야에서 점점 멀어져갔다.

놓치지 않으려면 그를 불러 세워야 한다. 다급한 순간에도 뭐라고 불러야 할지 고민했다. 좇음 걸음을 하면서도 여러 호칭을 생각했다. 입을 떼어 그를 막 부르려는 순간, 마음이 몸보다 먼저 나갔는지 발을 삐끗했다. 어둠이 깔린 바닥에 털썩 주저앉아 숨을 고르며 하늘을 올려다봤다. 수많은 별들은 어디로 갔는지 보이지 않았다.

어둠을 응시했다. 저 어둠은 어떤 얼굴을 하고 있을까. 모든 걸 잡아먹는 악마처럼 사나운 모습일까. 자애로운 눈빛과 너그러운 마음으로 지친 것들을 품어주는 따뜻한 모습일까. 아무 것도 보이지 않는, 거짓말처럼 적막하고도 까만 밤이었다. 소리 없이 뱉어내는 숨소리에 압도당하여 새파랗게 질릴 것 같았다.

글줄기가 약해서 목이 말랐다. 충분히 마시고 싶은데 겨우 뿜어져 나오는 물줄기는 갈증을 해소시켜주지 못했다. 시간이 갈수록 조급해졌다. 가뭄으로 타 죽지 않으려고 수로를 파다 보니 이곳까지 내려오게 되었다. 마중물을 붓고 지하 깊숙한 곳에 고여 있는 물줄기를 끌어오려야 했다. 쉬운 일이 아니란 걸 안다. 부단한 노력과 자신과의 치열한 경쟁을 해야한다. 「노인과 바다」에서 끝까지 살아남으려 상어와 사투를 벌이던 노인의 모습이 불현듯 떠올랐다. 고요한 바다에서 노인은 무엇을 생각했을까. 나는 지금 어둠 앞에 서니 아무것도 생각나지 않는다. 침착하게 마음을 가라앉히고 또 어둠을 바라보았다.

수업 시간이 저녁 무렵이라 수없이 고민하다가 선택했다. 일주일에 하루 정도는 오롯이 자신을 위해 시간을 투자하고 싶었다. 일찍 가서 유적지를 한군데씩 돌아보고 가면 되리라 계획했고 별 탈 없이 잘하고 있던 참이었다. 장거리 운전이 서툴러서 차를 가지고 오지 않으니 문우들에게 신세를 져야 했다. 시내와는 멀리 떨어져 있는 곳이라 교통편이 가장 우려됐다. 너나없이 배려하여 이동하는 곳마다 태워줬다. 그러나 자꾸 신세를 지는 것 같아서 스스로 해결해 보려고 어두운 밤길을 따라나섰던 것이다.

앞서가던 그가 사라져버렸다. 어둠 속에 홀로 버려진 기분이었다. 깊은 산속이라 사방 천지는 더 고요했다. 아무도 없다고 생각하니 온몸에 소름이 돋았다. 주저앉은 몸을 일으켰다. 무서움을 껴안고 부들부들 떨리는 다리로 천천히 걸었다.

어둠에 홀린 것일까. 저 멀리서 하얀 물체가 언뜻 보이는 것 같았다. 한 줄기 빛을 쫓아갔다. 한발, 한발 옮겨놓다가 발이 푹 빠지는 바람에 앞으로 꼬꾸라져 버렸다. 손을 짚고 일어나려고 보니 눈앞을 가로막는 것이 있었다. 길을 잘못 들어선 것 같아 머리카락이 쭈뼛 섰다. 정신을 차리고 낮의 기억을 더듬어보니 K절 주차장 담이었다. 담 아래 무릎 높이의 수로에 빠져서 허우적대고 있었다. 남에게 신세 좀 지면 어때서, 가는 길에 차를 태워주겠다는 마음까지 거절하며 생고생을 하고 있는 자신이 답답하게 느껴져 헛웃음이 나왔다.

기억을 더듬어 가까스로 방향을 잡고 k절을 향해 미친 듯이 걸어 올라갔다. 뒤에서 누군가 발목을 잡을 것만 같아 막 뛰었다. 희미하게 불빛이 새어 나오는 절 현판이 보였다. 침을 삼키려 했지만 입안까지 바짝 말라서 목이 컥컥했다. 이대로 시간이 흐르면 어둠 속으로 사라질 것이다. 그 흔한 밤벌레 소리도 들리지 않았다. 막막해서 아무것도 생각나지 않았다. 정류장까지는 또 한참을 걸어가야 한다. 버스가 끊어지지는 않았겠지만 어둠이 그 길도 막아버렸다. 앞으로 밀고 나가는 순간에 길이 생긴다지만, 어둠을 뚫고 나갈 자신이 없었다. 결연했던 마음이 점점 무너져 내렸다.

막막해서 우두망찰 서 있을 때 휴대폰 벨이 울렸다. 걱정이 잔뜩 묻은 문우의 목소리가 들려왔다. 화장실 간 줄 알고 기다렸는데 왜 아무 말도 없이 가버렸냐고 했다. 그녀의 목소리가 가슴을 타고 들어왔다. 그제야 휴대폰에 전등 기능이 있다는 게 생각났다. 누구에게든 폐 끼치고 싶지 않다는 생각만으로 가득 차서 생각도 못 했다.

그녀가 차 안에 있어도 이렇게 무서운데 여기까지 혼자 올라온 건 무슨 베짱이냐고 물었다. 다시는 그러지 말라고, 재차 나무라는데 콧등이 시큰거렸다. 떨고 있던 마음 줄기 사이로 한 떨기 별빛이 따스하게 스며들었다. 어둠 속을 걸으면서 스스로 할 수 있을 것이라 믿었다. 결국 한계에 부딪히고 말았지만 때로는 의지대로 되지 않을 때도 있다는 걸 절감했다.

창을 열면 문이 되고 닫으면 벽이 된다지 않던가. 벽도 닫으면 다른 사람과 차단이 되어 분리가 되지만 긍정으로 생각하면 나를 보호해주는 보루 역할을 한다지 않던가. 인적 없는 곳에서 어둠의 화석이 되어 서서히 굳어갔을지도 모른다고 생각하니 끔찍하다. 외로움 속에서 떨었던 그 짧고도 긴 시간이 꿈처럼 여겨졌다.

부자가 된 사연

지인은 치매에 걸린 시아버지를 몇 년째 모시고 있다. 넉넉하지 않은 월급쟁이 살림에도 싫은 내색 없는 것이 참 우러러 보인다. 더군다나 지인의 작은아들은 달마다 서울에 있는 큰 병원에 가서 검진을 받아야 한다. 그럼에도 항상 밝은 얼굴과 씩씩한 모습을 보면 지치지 않는 오뚝이 같다.

어르신은 날마다 사회복지관에 가신다. '치매 노인 돌보기' 프로그램에 참가하기 위해서다. 시간에 맞춰 차를 태워드려야 하지만 제 시간을 못 지킬 때도 있다. 차가 늦게 오거나 궂은 날에는 아파트 입구에서 기다리고 있는 어르신의 모습이 마치 비바람에 떨고 있는 잎사귀 같아서 마음이 아리다.

내가 어르신을 모시게 된 것은 지인이 부득이한 일이 생겨서 부탁을 했기 때문이다. 처음에는 두렵기도 하고 썩 내키지도 않았다. 차마 거절할 수가 없어서 '그러마.' 했는데 횟수가 거듭되니 슬슬 귀찮아졌다. 그럼에도 마음의 문은 날마다 조금씩 열리기 시작했다. 어르신에게서 연탄가스 중독 후유증을 오래 앓으셨던 아버지의 모습이 보였다. 서리를 맞아 푸새 같던 어깨와 나직한 숨소리, 외로움에 짓눌려 꺾어진 날개, 그러나 마음만은 따뜻했던 그 모습이 겹쳐졌다.

어느덧 삼 년이 흘렀다. 어르신의 상태는 더하지도 덜하지도 않았다. 지인의 집은 밖에서 열쇠로 문을 잠그면 안에서는 열지 못하는 특수 장치를 했다. 어르신이 자꾸 밖으로 나가는 것을 막기 위해서였다. 처음엔 꼭 이렇게까지 해야 할까, 어르신이 새장에 갇힌 새 같아서 안쓰러웠다. 그녀의 가족들이 야속했다. 그러다 한번은 집에 아무도 없는 틈을 타서 어르신이 밖으로 나가시는 바람에 온 식구가 혼이 났다는 말을 들었다. 고통은 당해보지 않고는 모른다고 했던가. 잠시 주제넘은 생각을 한 자신이 부끄러웠다.

서설이 내리던 날이었다. 어르신은 여느 날과 다르게 미소년처럼 홍조 띤 얼굴로 나를 반겨주셨다. 겸연쩍게 웃으시더니 느닷없이 양말 한 켤레를 내밀었다. 뜻밖의 일이라 무척 당황스러웠다. 비록 정신이 오락가락하지만 나와 이야기를 나눌 때면 온전한 정신임에는 틀림없었다. 마음을 담아 주시는 것이어서 망설임

끝에 두 손으로 받았다. 그리고는 쪽지 한 장을 건네주시면서 나더러 가지라고 했다. 알 수 없는 한자가 빼곡히 적혀 있었다. 예사롭지 않은 필체에선 젊은 시절의 위풍당당하시던 모습이 엿보였다. 어르신의 채권 증서 같은 것이었다. 잠시 옛일이 기억나셨을까. 가슴이 뭉클해지면서 알 수 없는 슬픔이 몰려왔다.

지인에게 그 이야기를 했다. 그녀도 나와 똑같은 쪽지를 받았다며 보여주었다. 어르신이 잠도 주무시지 않고 눈이 벌겋게 충혈되면서까지 밤새도록 쓴 것이라 했다. 덕분에 우리는 세상 그 누구도 부럽지 않은 부자가 되었다. 지인과 나는 서로 마주 보며 웃었다. 웃으면서도 슬펐다. 행복은 큰 것에 있지도 멀리 있지도 않다. 늘 가까이 있지만 우리가 느끼지 못할 뿐이다. 자신이 세상을 진실하고 순수하다고 믿을 때 얻어진다.

얼마 후 지인이 사정이 생겨 어르신을 다른 아들집으로 모셔갔다. 어르신은 하루에도 몇 차례씩이나 장년과 노년의 시간을 왕래했다. 타인과의 경계선을 허물고 마음의 빗장을 열어주었다. 휘어진 고목이지만 부모의 마음을 끝없이 주고 싶어 했던 분이다. 날씨가 살천스럽다. 어르신을 뵙지 못한지도 꽤 되었다. 스치는 바람결에 겸연쩍은 미소가 등을 두드리는 듯하다.

'나, 잘 있소.'

다시, 로그아웃 되다

엄마는 보따리를 쌌다. 기어이 언니의 수발을 마다하고 집으로 가겠다고 했다. 아무도 말릴 수 없을 만큼 단호하다. 그게 더 편안하다면 모른 척 따라야 한다.

엄마가 갑자기 쓰러져 거동조차 어려웠을 때, 노인요양병원으로 모시자고 의논한 적이 있다. 올케가 모실 형편도 아니고, 그렇다고 돌아가면서 모실 수도 없었다. 서로 부담 안 되고 엄마 입장에서도 눈치 보지 않아도 되는 그곳이 좋을 것 같았다. 행여 자식들이 당신이 귀찮아서 내다 버린다고 생각하실까 봐 걱정이었다. 어떻게 말을 끄집어내야 할지 고민했다. 병원을 알아보고 절차를 밟는 것보다 더 중요한 건 엄마의 생각일 것이다.

눈치 빠른 엄마는 자식들이 한꺼번에 몰려와서 저네들끼리 수군대는 건 분명 당신 문제일 거라고 짐작하셨을 테다. 얼마나 불안하셨을까. 얼른 몸이 좋아져서 당신 집으로 가는 것만이 상책이라 생각하면서 황혼의 서글픔이 사무쳤을 터이다. 벽을 사이에 두고 엄마와 자식들의 걱정이 제각각이었다.

엄마에게 슬며시 운을 떼자 내 집을 두고 어딜 가냐며 말도 못 꺼내게 하셨다. 요양병원이 생각하는 것과는 다르다고 해도 눈빛은 의구심으로 가득 찼다. 노인을 버리는 곳이라 생각하는 것 같았다. 자식들은 현실적으로 가장 좋은 방법이라고 입을 모았지만 엄마는 완강했다. 당장 그곳으로 보내질 것처럼 여겼을까. 눈빛이 달라지고 목소리에 힘이 빠졌다. 식사도 제대로 못 하고 자리에 누웠다. 백발이 눈두덩을 꾹 누르자 틀니를 빼서 오목해진 입가로 눈물이 흘러내렸다. 엄마의 눈물이 속마음을 털어놓았다.

'그래, 자식들 말도 맞다. 종일 있어도 말 걸어오는 사람 없고 어차피 집에 가면 혼자인걸. 행여 또 이런 일이 생기면 바쁜 자식들만 귀찮게 할 거야. 내가 여기서 안 가겠다고 버티면 자식들이 더 힘들지. 더 이상 짐이 되고 싶지 않아. 짐을 덜어 주고 싶지만 요양병원으로 가긴 싫다. 여태 자식 키워온 보람이 이것밖에 안 되나. 늙고 병들면 죽어야 되지만 그래도 초라한 내 인생이 서럽고 외롭네. 얼른 내 시간이 다 되어 모든 걸 내려놓고 잠결에 가고 싶다.'

그런 속을 안다 한들 선뜻 누가 나서서 모신다고 할 사람도 없다. 고만고만한 살림살이에 그러고 싶어도 형편이 허락지 않으니 더 애가 탔다. 막상 닥치면 할 수도 있겠지만 다들 핑계 아닌 핑계를 대는 것 같아 씁쓸했다. 엄마가 아픈 것도 내 시간에 맞추어지길 바랐다. 이렇게 말할 권리도 없으면서, 혹시 그러다 나보고 모셔가라고 할까 봐 겁나면서, 모실 형편 안 된다는 핑계를 댈 거면서, 선불리 내 생각을 말할 수 없다.

엄마는 칠십이 넘도록 노부모를 모시고 살았다. 그런 당신의 삶에 비하면 요양병원은 어림없는 소리다. 여태 시부모, 남편, 자식들에게 자신을 내주고 정작 당신 앞으로는 마음 한 채 내준 적 없다. 아직 자신도 완전히 소유하지 못한 분인데 그곳에서 혼자 잘 견딜 수 있을까. 어쩌면 불안과 서러움으로 건강이 더 악화될 염려가 있다. 그 성격에 충분히 그러고도 남을 테다. 요양병원이 편하고 부담 없다는 말은 직접 모시지 못하는 자식들의 입장을 합리화시킨 말인지 모른다.

그날 이후, 엄마가 원할 때까지 셋째 언니가 모시기로 했다. 한차례 회오리가 지나가고 다시 조용해졌다. 그러면서 엄마는 조금씩 건강을 회복하셨다.

봄이 세상을 흔들며 소란을 피우자 엄마는 두고 온 집 걱정을 하셨다. 언니가 아무리 잘해도 그만 집으로 돌아가겠다고 우기셨다.

한번은 바람 쐬러 밖으로 나갔다가 현관 비밀번호를 몰라 한참을 밖에 서 계셨다. 가물거리던 기억력의 촉수마저 닳아버린 답답함과 그것을 기억해야 하는 번거로움까지 벗어나고 싶었을지도 모른다. 이미 그들만의 테두리에 잠금장치까지 만든 자식들에게서 느꼈던 소외감도 귀가를 서두르는 이유일 것이다.

긴 겨울이 끝나고 봄이 오는 동안 엄마의 키는 더 작아졌다. 구겨진 종이처럼 뿌드득대는 관절 소리를 이끌고 엄마는 집으로 돌아왔다. 속옷 주머니에서 열쇠를 꺼내어 대문에 집어넣자 딸깍, 문이 열렸다. 문 안에 갇혀 있던 공기가 서서히 순환되기 시작했다. 반쯤 접힌 허리로 계단을 오르셨다. 낯익은 공기가 엄마를 휘감는지 고개를 끄덕이셨다. 내 자식들은 남들과 다르다고 믿으면서도 서운함이 간간이 묻어났다. 자식들과 함께할 수 있는 그 짧은 행복마저도 마다한 자신의 서러움을 한 계단, 한 계단 오를 때마다 하나씩 내려놓는 듯했다.

바라보면서 돌아서고, 돌아서면서도 바라보는 것처럼 자식과 당신의 거리는 더 이상 좁혀지지 않을 것이라는 걸 알았을 테다. 이제 비밀번호를 몰라서 집에 못 들어가거나 문밖에서 기다리는 일도 없을 것이다. 엄마는 자식들의 테두리에서 벗어나 또 혼자가 되었다. 다시, 로그아웃되었다.

단 하루만이라도

두근거린다. 내 안의 나를 만나는 순간이다. A4용지를 반으로 접었다 펴서 위쪽에 내 이름을 적었다. 그 종이를 가슴에 안고 눈을 감았다. 이유가 분명하지 않은 불안감, 분명 내 안의 나는 불안하다. 눈을 뜨고 나머지 반쪽에 그의 이름을 썼다. 다시 눈을 감는다. 그와 내가 만나는 순간이다. 우린 어느새 하나가 된다. 서로 마주 보며 손을 잡자 안온한 마음에 불안이 씻긴다. 수목이 나무 바다를 이루고 푸른 가지마다 새들이 날아와 지저귄다.

가끔 일탈을 꿈꾼다. 빨래를 널다 말고 눈부신 햇살에 끌려 어디로든 훌쩍 떠나본다. 낯선 땅 구석구석을 들여다보며 이국적인 문화에 빠진 채 한 달이든 두 달이든 실컷 돌아 다녀본다. 눈 내리는 날, 한계령을 넘다가 폭설을 만나 그곳에 갇혀서 밤새도록 눈 내리는 소리를 들으며 세상을 읽어본다.

그는 어떨까. 나처럼 일탈을 꿈꿀지도 모른다. 보고 듣는 것에 유혹되지 말며 마음 흔들리지 아니한다는 불혹. 행여 그렇게 될까 봐 자기방어책으로 그 슬픈 말을 껴안고 속울음 우는 건 아닐까. 남자라는 이유로, 약한 모습 보이기 싫어서 더 강한 척하는 건 아닐까.

잠든 그의 등을 바라본다. 든든하고 견고하지만 평생 무거운 집을 등에 지고 살아가는 달팽이를 보는 것 같다. 집은 잠시 내려놓을 수 없다. 불편하다고, 무겁고 버겁다고, 마음대로 벗어버릴 수 없다. 의무와 책임이 부여되어 함부로 리모델링할 수도 없다. 편하고 맘에 드는 것만 소유하고 싶은 게 사람의 심리인데 선택의 여지가 없으니 왜 불만이 없고 부담스럽지 않을까. 모든 것을 훌훌 털어버리고 어디든 떠나고 싶을 때가 한두 번이겠는가.

어쩌다가 친구를 만나도 선뜻 먼저 술 한잔 사겠다는 말은 주머니에서 나오지 않고 술 한잔을 하고도 아이들의 학원비를 마셔버린 것 같아 후회할 때가 왜 없을까. 그럴 때마다 가느다란 삶에 붙어있는 자신이 초라해서 나는 누구인가, 자신과 직면하여 물어볼 때가 왜 없을까.

그렇지만 그는 내색하지 않는다. 가족을 위하여 손수 재단하고 아름다운 옷을 만들어 입히는 게 즐겁단다. 양초가 몸을 태워 불을 밝히듯 자신이 가족에게 녹아들 때 가장 행복하단다. 어깨에 무거운 짐을 지고 다니면서도 그 속에는 푸른 희망이 들어있어서 가볍단다. 말수가 적어 잔재미는 없다. 매사에 분명하고 틈이 없어 감성적인 내 마음을 알아주지 못해서 서운할 때도 없지 않다. 그럼에도 그의 불혹의 등이 고맙고 안쓰럽다.

그는 여태 자기가 좋아하는 옷 한 벌 없다. 삶의 활력이 되고 여유가 생기는 그런 옷 말이다. 아들, 남편, 아빠라는 옷으로 살다 보니 정작 자신의 옷은 하나도 없다. 그 옷에 너무 익숙해져서 자기 정체성마저 잃어버린 건 아닌지 걱정이다.

고여 있는 물은 썩기 마련이다. 아이를 낳고 키우는 동안 자아를 잃어버렸다. 자아를 찾아 헤맬 때 그가 물꼬를 터 주었다. 나만 좋아하는 옷을 입고 즐거워하며 외출하는 게 미안하다. 그에게서 나는 모든 것이 당연 우선권이었다. 이제 그에게 주고 싶다. 그가 좋아하는 것이라면 무조건 좋다. 몸에 맞고 잘 어울리는 옷 한 벌 선물하고 싶다. 그 옷을 입고 단 하루만이라도 행복해하는 모습을 보고 싶다. 그는 물을 닮은 사람이다. 낮은 곳을 향하면서도 자신의 모든 것을 아낌없이 내어 준다. 그의 이름을 꼭 안아 본다.

뻐꾸기 울던 날

이른 봄부터 새들이 밤낮을 가리지 않고 울어댄다. 더러는 시끄럽다고 하지만 나는 도심 속에서 맛보는 더없는 행복이라 여긴다. 높고 아득한 뻐꾸기 소리가 숲으로 숨어든다.

봄이 한창 짙을 무렵에 아버지가 다녀가셨다. 처음이자 마지막이었다. 당신이 생각을 조금이나마 가다듬을 수 있을 때 딸네들 집에 한 번씩 가보자고 하셨단다. 혼미한 정신을 완전히 놓아버리기 전에 자식들 사는 형편을 보고 싶었던 모양이다.

아버지는 베란다 창문을 열고 무성해진 숲을 바라보며 종일서 계셨다. 숲속에서 들려오는 뻐꾸기 소리에 귀를 기울이셨다. 개망초가 흐드러지게 피어있던 누군가의 무덤을 하염없이 바라보며 희미하게 웃으셨다. 노인이 되면 자신이 떠나야 할 때를 어렴풋이 알게 된다고 하더니 아버지도 그랬을까.

바둑판 같던 아버지의 세계가 흔들렸다. 걸음걸이는 마음만 앞서갔지 고르지 못했다. 마디숨을 몰아쉬며 힘들어했다. 손만 대면 금방이라도 쓰러질 것만 같았다. 더디게 흐르는 시간을 좀 더 빠르게 하고 싶었을까. 양쪽 팔목에 시계 하나씩을 차고 있었다. 멈춘 지 오래인 듯한 시간은 손목 위에서만 빙글빙글 돌았다. 시계의 무게만 재깍거렸다.

유년의 기억 속 아버지는 결곡한 선비의 모습이었다. 식사를 할 때도 수저를 한꺼번에 쥐면 상스러운 짓이라고 나무라셨다. 신발을 벗어도 가지런해야만 했다. 변소에서 사용할 종이도 똑같은 크기로 오려서 차곡차곡 놓았고 어쩌다 뒤죽박죽 해 놓는 날엔 어김없이 꾸지람이 내려졌다. 뭐든지 제자리에 있어야만 했고 하나라도 허투루가 용납되지 않았다. 숨이 막혔다. 말대꾸도 해봤지만, 언제나 돌아오는 건 더 절제되고 엄한 목소리뿐이었다.

그런 아버지에게 병마가 침범했다. 어느 누구도 범접하지 못할 것 같던 아버지도 그놈만은 이기지 못했다. 몸은 마음을 따라가다 슬쩍 옆길로 빠지는가 하면 아예 말을 듣지도 않았다. 본의 아니게 당신을 하나씩 비워내야만 했다. 기억은 점점 상실되어 주위 사람마저 알아보지 못할 지경이었다. 성냥을 그어 한 개비가

다 타도록 멀거니 바라보거나 밤낮없이 밖으로만 나가려 했다.

어느 날, 파자마 바람으로 대문을 나가시는 아버지를 바람만 바람만 뒤따라갔다. 활기차게 길을 건너갈 수 없음일까. 두려움일까. 큰길가에 쪼그리고 앉아 가쁜 숨을 몰아쉬고 계셨다. 한나절 내내 멍하니 앉아 지나가는 사람들을 바라만 보셨다. 자글거리는 마음으로 아버지의 얼굴에 내려앉는 햇볕을 손으로 가려본다. 허전하고 텅 빈 마음은 무엇으로 채워드릴까. 그 순간만이라도 아버지의 그늘막이가 되고 싶었다. 그럴 수 없는 것이 안타까웠다.

아버지의 시간 속에는 많은 것이 담겨져 있다. 어느 한 부분도 소중하지 않은 것이 없다. 하찮은 것 하나라도 아끼고 정하게 다루었다. 모든 것이 지나온 세월만큼이나 소중하고 보배로웠다.

우리 집을 다녀가신 지 얼마 안 되어 아버지는 내가 배냇짓을 할 때와 같은 모습이 되었다. 대소변을 가리지 못해 기저귀를 채워드려야 했다. 야윈 다리는 오랜 세월의 무게치곤 형편없었다. 기저귀를 채워드리려고 다리를 들어 올릴 때마다 그 틈 사이로 아버지의 무게가 빠져나갔다. 그것도 버거웠을까. 점점 무게가 덜어지고 물기마저 말라갔다.

나는 아버지의 성품과 잘 웃지 않아 새침해 보이는 인상까지

닮았다. 어릴 때, 잔병치레를 자주 하여 병약하신 당신을 닮을까 봐 몹시 애를 태우셨다. 몸이 너무 약해서 사람 구실을 하겠냐던 사람들의 입방아에 은근히 걱정이 되셨던 모양이다. 그래서 내게 더 각별하셨을까. 부모님의 사랑은 당연히 받는 것인 줄만 알았다. 자식의 사랑을 받지 않고도 늘 채워져 있는 줄 알았다. 끊임없이 받아도 늘 갈증에 투정만 부렸지 고마운 마음을 전해보지 못했다. 그늘막이도, 기저귀도 한 번 갈아드리지 못했다. 결국 아무것도 한 게 없다.

자식에서 부모의 자리로 옮겨 앉고 보니 어느새 강물은 저만치 흘러가 버렸다. 두 번 다시 같은 강물 속에 있을 수 없다. 살아가는 동안 자기가 하고 싶은 것만 하고 살 수 있다면, 그 시간을 멈추게 하고 오래도록 즐길 수 있다면 얼마나 좋을까. 아버지는 뻐꾸기 소리를 들으며 천천히 눈을 감으셨다. 며칠 있으면 아버지의 기일이다. 이미 한 줌의 흙이 되어 어느 미생물의 보금자리가 되었을 아버지가 보고 싶다.

뻐꾹 뻐꾹, 숲이 흔들린다.

생각 주머니

열여섯 살 아들은 요즘 허물을 벗는 중이다. 애벌레에서 나비가 되려고 하듯 녀석도 어른이 되기 위한 과정을 톡톡히 치르고 있다. 그냥 가만히 있으면 되는 것이 아니라는 듯 온갖 호기심을 발동시킨다. 그 모습이 어른들 눈에는 낯설어 보인다. '그때는 다 그렇지.'라고 수긍은 하면서도 이해 못 하는 시기가 바로 이때다.

아들 녀석이 친구와 주먹다짐한 게 문제가 되어 남편이 학교로 불려갔다. 상대 아이의 아버지가 학교 폭력으로 고발하겠다며 으름장을 놓았다. 선생님과 남편이 사정사정해서 설득시켰다. 그 아이는 다행히 약간의 타박상만 입었고 치료비는 우리가 책임지기로 하고 겨우 마무리를 했다.

풀이 죽은 녀석과 어깨에 힘이 빠진 남편이 집으로 돌아왔다. 둘 다 아무 말 없이 각자 방으로 들어가 버렸다. 그는 벽을 바라보고 앉았다. 이렇다 할 말 한마디도 없이 모두가 자기의 잘못인 양 그렇게 자책하며 소리 없이 우는 것 같았다. 방안에 감도는 무거운 침묵이 가슴을 더욱 답답하게 했다.

끓어오르는 화를 참지 못해 녀석의 방으로 갔다. 침대에 누워 있는 녀석의 등에다 대고 화를 마구 풀어놓았다. 저도 미안한 마음이 있었는지 아무 말이 없었다.

저녁상을 차렸다. 녀석에게는 아무 말도 하지 않고 남편에게만 저녁을 먹자고 했다. 그는 언제 그랬냐는 듯 일부러 큰소리로 녀석을 불렀다. 몇 번을 불러도 대답이 없자 방으로 가서 데리고 나왔다. 마지못한 녀석이 힘없이 첫 숟가락을 떴다. 그는 생선의 통통한 부위의 살점을 뚝 떼어 밥숟가락 위에 얹어주었다.

"이거 먹어봐! 엄마가 생선을 잘 구워 놨네. 우리 아들 맛있게 먹으라고 노릇노릇 잘도 구웠네. 앞으로 다시 안 그러면 되지. 그리고 남자는 말이야, 아무 데나 힘쓰는 게 아니야. 나보다 약한 자에게 힘을 쓰는 건 더더욱 남자다운 행동이 아니다. 자, 먹고 우리 힘내자!"

그가 녀석의 풀죽은 등을 두드리자 밥숟가락 위에 얹어 놓은 생선이 파르르 떨렸다. 눈을 내리감은 여린 마음이 어느새 눈물이 되어 식탁 위로 떨어졌다.

저라고 마음이 편하겠는가. 아무리 친구가 먼저 원인 제공을 하여 참을 수 없었다지만 결과로 보면 가해자가 되지 않았는가. 딴에는 정당방위라고 주장해도 받아들여지지 않으니 속이 타지 않겠는가. 더군다나 상대 아이의 말만 믿고 자신의 말은 뒷전으로 미루는 어른들이 얼마나 야속하겠는가. 가뜩이나 학교 폭력 문제로 예민한 시국에 학교에서는 사소한 다툼에도 불똥이 튈까 전전긍긍하고 있지 않은가.

청소년기는 나비가 되기 위한 우화 과정과 같다. 애벌레가 번데기 속으로 들어가서 고요함과 두려움을 이겨내고 세상 밖으로 빠져나올 때, 너무 많은 시간을 허비하거나 그 타이밍을 놓쳐버리면 불구가 되고 만다. 어떤 자리에서 날개를 펼쳐야 할지 잘 생각해야 한다. 나비가 아름다워 보이는 것은 그 힘든 과정을 꿋꿋하게 견뎌내고 날개를 달았기 때문이다. 평범하지만 특별해 보이는 이유이기도 하다. 소신 있는 행동도 상대에 대한 배려와 함께 어우러져야 한다는 것을 녀석은 배워가는 중이다.

녀석이 원망스럽고 안타까워서 미처 그 마음을 조금도 헤아리지 못했다. 어른답지 못한 내 행동이 부끄러워 쥐구멍이라도 있으면 들어가고 싶은 심정이었다. 그런 내게 남편은 인생을 깊게 들여다보라는 듯 생각 주머니를 던져 주는 것 같다.

보루

별이 따사로워 창가에 앉았다. 고개를 쑤욱 내밀고 밖을 내다본다. 담장 아래 세워 놓은 주인 잃은 자전거에도 햇살이 눈부시게 쏟아진다.

그해 봄, 아버님께서 허물어진 담장을 새로 쌓으셨다. 담장 아래 있던 땡감나무는 덩치에 비해 가지가 너무 부실하여 베어버렸다. 감이 너무 많이 열려서 가지가 휘휘 늘어진 모습이 안타까웠다. 그 자리에 어린 단감나무 한 그루를 심었다. 단감을 좋아하는 며느리가 실컷 먹을 수 있겠다며 좋아하셨다. 내가 아삭거리며 먹는 모습이 보기 좋았던 모양이다. 입안에는 벌써 달콤함이 흥건히 고이는 것 같았다.

그렇게 다정하시던 아버님께서 어느 날, 느닷없이 곡기를 마다하셨다. 병원에서는 너무 과로한 탓이라고만 했다. 자리에서 일어나지도 못하셨다. 더군다나 자꾸 눈에 갓 쓴 사람이 보인다며 믿지 못할 이야기만 하셔서 당황스러웠다. 마음이 다급해진 어머님은 주술의 힘을 빌리자고 하셨다. 요즘이 어떤 시대인데, 그런 게 다 무슨 소리냐며 남편은 펄쩍 뛰었다. 증세는 호전되지 않았다. 썩 내키지는 않지만 어머님의 의견을 따를 수밖에 없었다. 무슨 일이든 해야만 했다.

우연의 일치였을까. 무녀는 다짜고짜 동쪽으로 나무를 심었냐고 물었다. 가슴이 서늘해지고 머리카락이 쭈뼛 섰다. 마치 그녀가 그 일을 다 알고 있는 것처럼 느껴졌다. 어머님은 담장 쌓은 이야기며 감나무에 관한 이야기를 해주셨다. 그녀는 바로 그것이 화근이라고 했다. 해가 떠오르는 동쪽에 나무를 심고 담장을 쌓았으니 해의 기운을 가로막았다는 것이다. 당장 일을 서두르지 않으면 큰 변을 당할 지도 모른다는 말에 온 가족이 허둥댔다.

그녀는 징 소리와 함께 형형색색의 헝겊들로 집 안 구석구석을 휘저었다. 그 소리가 밖으로 점점 퍼져나가자 동네 사람들이 모여들기 시작했다. 아버님은 핼쑥한 모습으로 멍하니 앉아 계셨다. 그녀는 땀범벅이 되도록 기를 쏟아부으며 굿판을 벌였다. 그 세계를 모르는 나로서는 의아할 뿐이었다. 그럼에도 아버님의 차도를 빌고 또 빌었다. 터질 것 같은 굉음 속에서 기진맥진

한 그녀의 모습을 보며 우리는 다소 위안을 받았다. 아버님께서 쾌차하실 거라고 믿고 싶었다.

그야말로 불가사의. 며칠이 지나자 아버님은 서서히 회복하시는 듯이 보였다. 새 담장은 해의 기운이라도 받은 듯 더 견고해 보였고 단감나무도 무탈하게 잘 자라고 있었다.

그렇게 서너 달이 지난 어느 날이었다. 아버님께서 뜰에 내려서다 발을 헛디뎌 대퇴골이 부러졌다. 수술은 잘 되었지만 대변을 아예 못 보셨다. 그에 맞는 약물을 투여하니 또 설사가 멈추질 않았다. 급기야는 말문까지 막혀버렸고 영영 자리에서 일어나지 못하셨다.

어머님은 모든 것을 감나무 탓으로 돌렸다. 심정이 너무 확고하셨기 때문에 아니라고 선불리 말할 수가 없었다. 어린 감나무가 뽑혀 나간 자리를 보니 시원하면서도 허전했다. 감꽃이 피면 앞섶 가득 주워주마 약속하시던 아버님의 목소리만 귓전에 맴돌았다.

한번은 남편 때문에 속상해서 삐쳐 있을 때였다. 아버님이 슬며시 내 곁으로 오시더니 손을 꼭 잡았다.

"아가야, 내가 너를 처음 보았을 때 참 마음에 들었다. 시누이집에 놀러 왔던 너를 보는 순간 어찌 그리 참하던지, 꼭 며느리

삼았으면 하는 생각이 들더라. 그런데 인연이 되려고 그랬는지 애비가 좋아하는 아가씨가 있다고 데려온 사람이 바로 너였단다. 내심 얼마나 좋았는지 너는 모를 거다."

눈물이 핑 돌았다. 사소한 일로 아버님께 걱정을 끼쳐드린 철없는 자신이 부끄러우면서도 행복했다. 아버님과의 그 짧은 추억이 일생 보루가 될 줄 누가 알았을까.

자전거 페달이 멈춘 지 오래다. 논으로 밭으로 오가며 내놓은 길은 선명하게 남아있는데 정작 보고 싶은 아버님은 이 세상에 계시지 않는다. 단감나무가 무탈하게 자랐더라면 한창 꽃이 피어서 별이 이울 때마다 희끗한 꽃을 떨어뜨릴 것이다. 투박했지만 따뜻했던 그 손길이 그립다. 내 가슴에 추억으로 남아 있는 저 담장에도 햇살이 소복하게 내려앉는다.

만식이가 사라졌다

고향에는 군부대가 있어서 군인들을 자주 볼 수 있었다. 군용차를 타고 신작로를 지나가던 군인들이 건빵을 던져주면 서로 받으려고 난리였다. 차를 뒤따라가던 아이들 중에 운 좋게 만식이가 잡았다. 그 순간 누군가가 만식이의 손을 툭 쳤다. 건빵 봉지가 공중에서 공중으로 곡예를 하는 동안 키 큰 삼식이가 풀쩍 뛰어올라 잽싸게 낚아챘다. 삼식이는 마치 개선장군이라도 된 듯 그것을 치켜들고 입천장이 보일 정도로 웃어댔다.

아이들은 그를 빙 둘러싸고는 건빵봉지만 뚫어지게 바라보았다. 그 안에 들어있는 별사탕은 당연히 삼식이의 몫이었다. 자기 맘에 들지 않는 아이에게는 나눠주지 않을지도 몰랐다. 내세울 것도 없는 일종의 알량한 권력 행세 같은 게 있어서 잘 보여야만 했다.

그 와중에도 삼식이는 혼자 먹으려고 꾀를 내었다. 영동교 아래로 뛰어내리는 사람이 한 봉지 다 먹기로 하자고 했다. 아이들 키보다 서너 배나 더 높은 곳이기에 분명 그럴 친구는 없을 것이라 장담하는 것 같았다. 아무리 건빵이 먹고 싶어도 뛰어내리다가 죽을지도 모른다. 친구들은 말도 안 되는 제안에 치사하고 더러워서 안 먹겠다며 한 명씩 한 명씩 뒤로 물러났다.

그러나 어디든 변수는 있는 법이다. 삼식이가 속으로 쾌재를 부르고 있을 때 만식이가 손을 번쩍 들었다. 진짜 뛰어내리면 줄 거냐고 물었고 재차 다짐을 받았다. 다들 마음 한편이 쿵, 하면서도 괜히 해보는 소리라 여겼다. 만식이가 다리 난간에서 준비운동을 했다. 친구들은 눈을 둥그렇게 뜨고 설마 하는 눈빛으로 쳐다보았다.

하나, 둘, 셋! 만식이는 망설이지도 않고 용감하게 영동교 아래로 풀쩍 뛰어내렸다.

"으아악! 내 죽는다!"

만식이의 비명이 들려왔다. 누구 한 사람 말릴 틈도 없었다. 설마가 사람을 잡는다더니 친구들은 다리 난간으로 우르르 몰려가 아래로 내려다보았다. 비행 연습을 하다가 추락하여 땅에 처박힌 어린 새처럼 만식이도 그 꼴이었다. 자갈밭에서 부러진다리를 움켜쥔 채 비명을 질러댔다. 죽지 않은 게 다행이었다. 다리 아래서 장기를 두던 어르신들이 깜짝 놀라 뛰어와서는 얼른 병원에 데려가야겠다고 했다. 만식이네는 너무 가난해서 병원에 갈 처지도 못 되었다. 다음 날도 그다음 날도 학교에 오지 않았다.

건빵이 뭐 길래, 그것 때문에 목숨을 잃을지도 모르는 그런 위험한 짓을 겁도 없이 했을까. 가난은 가끔씩 하지 말아야 될 용기를 주는 것일까. 날지 못하던 어린 새, 만식이가 사라졌다. 언제 어디로 갔는지 아무도 모른다. 그의 소식을 아는 사람은 없다. 지금 어디서 무엇을 하며 지낼까.

내게도 서풍이 불었다

마흔이 넘도록 혼자 집을 나선다는 것은 상상도 못 했다. 아니 더 솔직히 말하자면 나 자신을 집 안에 가두어 발을 묶어 놓았던 것 같다. 이 나이에 뭘 그리 집 걱정만 하느냐는 문우들의 말에 용기를 냈다.

지난가을, 1박 2일로 '수필문학 세미나' 참석차 경주에 갔다. 잠을 설쳤어도 피곤하지 않다. 집안일은 미리 해놓고 나왔지만, 그래도 은근히 걱정이 된다. 설렘 반 걱정 반으로 집은 점점 나에게서 멀어졌다.

행사에 참여하여 문우들과 즐거운 시간을 보냈다. 어둠이 날개를 펴기 시작하는 어슬녘이 되자 집 생각이 났다. 불안하고 초조해지면서 마음은 벌써 집으로 달려가고 있었다. 날이 저물어 어둑해지면 집으로 돌아가야만 된다는 생각을 떨쳐 버릴 수가 없다. 그런 강박증에서 벗어나고자 집을 나섰는데 어김없이 또 사로잡히고 말았다.

친정엔 육남매 중 딸이 넷이었다. 엄마는 유난히 딸들에게만 엄하셨다. 한 치의 양보도 없었다. 곱게 키워 시집 잘 보내는 것이 엄마의 유일하고 지고한 소망이었다. 그 소망에 혹여 불상사라도 생길까 봐 염려하셨던 것이다.

통금 시간이 주어졌다. 우리는 당연히 그 시간을 지켰으며 그 이후에는 이유 불문하고 집에 있어야 했다. 외출했다가 조금만 늦어도 불호령이 떨어졌다. 아예 큰길까지 나와 서성이곤 하셨다. 그런 걱정을 끼치지 않으려고 제시간에 귀가했다. 어디를 가든 그 시간이 가까워지면 자리를 떠야만 했다.

결혼 후에도 특별한 경우를 제외하고는 우리 집 아닌 다른 곳에선 자 본 적이 거의 없다. 나도 모르게 거기에 길들여졌던 것이다. 아마도 스스로를 풀어주고 벗어나기엔 시간이 좀 걸릴 것 같다.

집에 전화를 했다. 그는 아무 걱정 말고 좋은 시간 잘 보내고 오라며 전화를 뚝 끊어버렸다. 아무 일 없을 테니 괜한 걱정하지 말라며 문우들은 맞장구를 쳤다.

가벼운 마음으로 호숫가를 거닐었다. 자정이 넘어 하늘을 올려다보는 기분은 참으로 묘했다. 조용한 호수는 바스락거리는 우리들의 발자국 소리를 삼키느라 밤잠을 설쳤을 것이다. 깊은 가을밤에 도취되어 연신 감탄사를 내뱉는 나를 보고 문우들은 오늘 내게 서풍이 불었다고 했다. 이제 이런 바람이라면 얼마든지 소화시킬 수 있을 것 같다.

집으로 돌아왔다. 집은 말끔히 정돈되어 있었다. 식구들도 제각각 할 일을 다 하고 변화라곤 없다. 남편의 걱정 말라던 그 말은 괜한 소리가 아니었다. 하루만 집을 비워도 아무것도 안 되는 줄 알았는데 그것은 나만의 착각이었다.

안도감이 드는 반면 서운한 생각이 드는 것은 왜일까. 그럼 난 여태 뭐였을까. 밥하고 빨래하는 가사도우미 정도에 지나지 않았을까. 가족들을 혼자 해바라기 했단 말인가. 보고 싶었다고, 내가 없으니 집이 텅 빈 것 같았다는 말 한마디 없다. 내가 어리광을 피우고 있는 것일까. 결코 가족들이 그렇게 생각하고 있지 않은 데도 혼자만의 생각이다.

그는 서운한 빛을 감추지 못하는 내게 여태 가족을 위해 시간을 투자했으니 이제부턴 자신을 위한 시간을 가져보란다. 그의 말에 어젯밤 설레던 마음이 되살아났다.

그동안 스스로 세상과의 보이지 않는 벽을 만들어 새장에 갇힌 새가 되었다. 처음에는 방어를 위해 쌓았지만 그것이 곧 분리의 벽이 되어버렸다는 것을 몰랐다. 용기를 내어 그동안 보이지 않았던 벽을 과감히 쳐 보았다. 큰 울림을 들었다. 내게도 서풍이 불고 있다. 나에게 서풍은 조롱을 열고 나가는 날갯짓이다.